LE
NOUVEAU RÉGIME

DES

MARQUES DE FABRIQUE ET DE COMMERCE

EN ALLEMAGNE

RAPPORT

A S. E. Monsieur le Ministre de l'Agriculture
et du Commerce

PARIS

IMPRIMERIE TYPOGRAPHIQUE FÉLIX MALTESTE ET Cie

22, RUE DES DEUX-PORTES-SAINT-SAUVEUR, 22

1876

LE
NOUVEAU RÉGIME

DES

MARQUES DE FABRIQUE ET DE COMMERCE

EN ALLEMAGNE

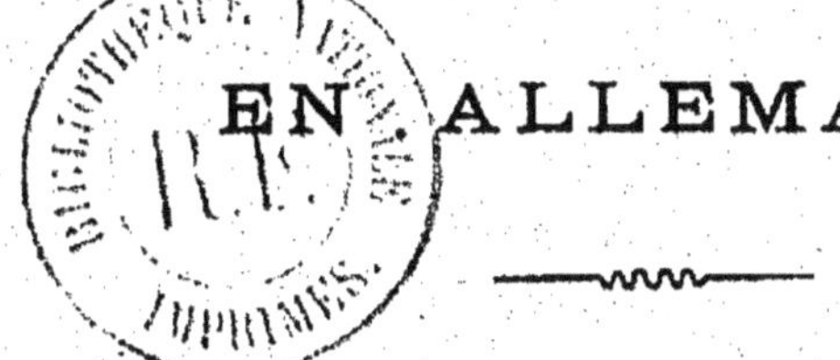

RAPPORT

A S. E. Monsieur le Ministre de l'Agriculture
et du Commerce

PARIS

IMPRIMERIE TYPOGRAPHIQUE FÉLIX MALTESTE ET Cie

22, RUE DES DEUX-PORTES-SAINT-SAUVEUR, 22

1876

NOUVEAU RÉGIME

MARQUES DE FABRIQUE ET DE COMMERCE

EN ALLEMAGNE

RAPPORT

A S. E. M. LE MINISTRE DE L'AGRICULTURE ET DU COMMERCE

Monsieur le Ministre,

J'ai l'honneur de vous adresser un rapport d'ensemble sur la mission que j'ai remplie récemment en Allemagne, comme Conseil de l'Union des Fabricants, chargé officieusement par votre honorable prédécesseur d'éclairer certaines obscurités de la nouvelle loi d'Empire sur les marques de fabrique, et de chercher à aplanir les difficultés qui s'opposaient, dans la pratique, au dépôt régulier des marques françaises à Leipzig.

Je suis heureux de pouvoir constater dès l'abord, que le but proposé a été atteint au delà de toute espérance.

Transmises au Conseil d'administration de l'*Union des Fabricants*, les solutions obtenues ont été vulgarisées par ses soins, grâce au concours désintéressé de la presse parisienne. Un nombre considérable de maisons qui sont l'honneur de l'exportation française ont pu ainsi être admises en temps utile à l'enregistrement.

Si les obstacles ont été levés si promptement, il convient d'en faire honneur surtout au gouvernement saxon, chargé de présider à l'exécution de la loi en ce qui regarde les étrangers. On ne saurait rendre trop hautement hommage à l'impartialité et à la loyauté avec lesquelles il s'est prêté à toutes les combinaisons de nature à garantir aux véritables propriétaires la possession légale de leurs marques de fabrique. J'ajouterai que la Chancellerie impériale a fait preuve d'un désir non moins grand de voir les difficultés s'aplanir, dès qu'elles lui ont été signalées d'une façon précise et technique.

Tels sont les résultats immédiats de la mission qui m'avait été confiée ; mais, en dehors de la période de transition close le 1er octobre, j'avais aussi à approfondir les dispositions de la loi en voie de plein exercice. Il m'a été donné de pouvoir m'édifier complétement sur les diverses questions objet de mes études, par de longues et consciencieuses recherches dans les débats législatifs et dans les publications des auteurs les plus autorisés, enfin, par des conférences répétées avec des magistrats éminents, et avec le savant conseiller d'Empire, M. Nieberding, qui avait défendu le projet du Gouvernement devant le Reichstag.

Je suis donc aujourd'hui en mesure de mettre sous les yeux de Votre Excellence, un Exposé raisonné de la situation faite à nos nationaux par la loi du 30 novembre, dans les diverses hypothèses que les exigences de l'industrie moderne réalisent chaque jour.

J'aime à espérer que l'Administration y rencontrera des indications utiles, et notre commerce à l'extérieur les informations nécessaires à la défense de ses droits.

La période transitoire. — Les difficultés pendantes et leur solution.

La loi d'Empire sur les marques de fabrique et de commerce (*Waarenzeichen*), votée le 30 novembre 1874 par le Reichstag, comprend deux sortes de dispositions : celles qui concernent la période transitoire, et celles qui règlent l'exercice normal de la nouvelle législation. Or, comme les dispositions qui visent ces deux périodes reposent sur des principes de droit absolument opposés, puisque la première prend pour base de la propriété la priorité d'emploi, et la seconde la priorité d'enregistrement, on conçoit que les industriels, habitués aux solutions simples, unes, du Code de commerce, ne se soient pas assimilé facilement l'économie d'un mécanisme juridique aussi compliqué.

Il semble qu'il eût été désirable, pour plus de clarté, que le législateur eût placé ces deux régimes sous des rubriques différentes, au lieu de confondre et d'enchevêtrer les dispositions qui les concernent; mais il faut reconnaître que la force des choses rendait une classification de ce genre très-difficile, ainsi qu'on en pourra juger au cours de cet Exposé.

Néanmoins, autant que le sujet le permet, les questions relatives à l'époque de transition seront examinées ici séparément, de manière à grouper ensuite dans leur ensemble les considérations relatives au fonctionnement désormais régulier de la loi.

J'ai dit que le législateur faisant la part des droits acquis, a fixé un laps de temps, trop court à la vérité (du 1er mai au 1er octobre 1875), pendant lequel la propriété d'une marque est reconnue à celui qui en a fait le premier l'emploi ; à charge par lui, toutefois, d'en opérer le dépôt avant le 1er octobre.

Il ne suffit pas toutefois d'avoir créé une marque et d'en avoir usé dans un cercle restreint. La loi prend soin de dire que l'emploi d'une marque ne confère un droit, que si le fait a été généralement connu dans le commerce. Grâce aux négociations sur cette matière, qui pour une bonne part faisaient l'objet de ma mission, la preuve *prima facie* est devenue facile, et la preuve définitive, possible; mais au mois d'août il n'en était pas ainsi, et malgré l'importance qu'il y avait pour notre commerce à profiter des avantages de la période transitoire, des difficultés multiples s'opposaient, dans la pratique, au facile enregistrement des marques de nos exportateurs. La procédure supprimait en fait les droits accordés par la loi.

En effet, aux termes des informations reçues par le Gouvernement, et adressées par lui aux Chambres de commerce, les conditions imposées aux Français pour l'admission de leurs marques à Leipzig étaient à peu près irréalisables dans la pratique, aucune autorité] en France n'étant compétente pour délivrer les attestations requises.

Aussi les fabricants, non-seulement de France, mais de tous les autres pays, se voyaient-ils fermer les registres du greffe, pour insuffisance de documents.

La situation était d'autant plus délicate que notre diplomatie ne pouvait intervenir, la question étant d'ordre intérieur.

C'est dans ces circonstances que, l'Union des Fabricants m'ayant demandé de me rendre en Allemagne pour parer autant que faire se pourrait aux difficultés de la situation, M. le Ministre du commerce voulut bien s'intéresser doublement à ma mission : d'abord, en sollicitant pour moi de M. le Ministre des affaires étrangères les lettres d'introduction nécessaires près de l'ambassade et des Consulats, et ensuite en mettant à l'étude, d'urgence, la procédure que je signalais comme pouvant fournir, en temps utile, l'acte de notoriété exigé à Leipzig. Cette procédure consistait en une mise en demeure à tous les ayants-droit de faire opposition, entre les mains du directeur du Conservatoire des arts et métiers, contre toute marque ne remplissant pas les conditions énumérées en l'art. 3 de ladite loi.

Le Comité consultatif des arts et manufactures fut saisi de la proposition, mais elle ne pouvait évidemment passer à l'état de fait accompli, avant que l'autorité compétente en Allemagne, officieusement consultée, en eût admis le principe comme satisfaisant au vœu de la loi.

Il se présentait tout d'abord une question préjudicielle fort importante : A quelle autorité pouvais-je m'adresser utilement? Je pensai qu'il était préférable de m'en enquérir à Leipzig. J'eus bientôt, en effet, l'assurance, plus tard confirmée à Berlin, que la loi du 30 novembre, quoique loi d'Empire, est au regard des étrangers, bien plus saxonne qu'allemande. On peut voir dans ce fait une anomalie; mais il est indiscutable. La ville de Leipzig a été désignée par la loi comme le point central où les étrangers devront déposer leurs marques. A ce titre, le tribunal de commerce remplit évidemment une fonction fédérale. Néanmoins, le greffe de Leipzig encaisse, comme taxe locale, le montant des droits payés par les étrangers. De plus, le tribunal de commerce a seul mission d'interpréter la loi dans ses applications aux étrangers, avec recours de ceux-ci au ministère de la justice, à Dresde.

Je ne prétends pas affirmer que ce *modus vivendi* soit d'une parfaite correction au point de vue des principes, je me borne à constater la jurisprudence admise, d'un consentement général, en ce qui concerne les étrangers, qui, du reste, n'ont aucune raison de réclamer contre elle, le gouvernement saxon montrant un esprit de mesure et de sage tempérament qu'on ne saurait méconnaître sans flagrante injustice.

Ce point éclairci, il était urgent d'aborder les difficultés pendantes, car la période transitoire allait expirer.

Il ne pouvait être question dans ma pensée de demander à l'autorité allemande une exemption pure et simple des garanties représentées par les pièces requises, car ces garanties sont exigées par la loi du 30 novembre. Mais il était permis d'espérer que des garanties équivalentes, présentées sous une forme compatible avec notre organisation commerciale, seraient agréées facilement. C'est dans cette voie que je fis les premières ouvertures à M. le président du tribunal de commerce de Leipzig, avec lequel j'avais été mis en rapport dès mon arrivée par les bons offices de M. le Consul de France, qui voulut bien assister à toutes nos conférences, et faciliter les négociations.

Dès le premier entretien, plusieurs points très-intéressants furent réglés de la manière la plus satisfaisante.

Il fut reconnu d'abord que la loi n'exige pas la *description* de la marque, et que nos nationaux seraient dispensés complétement de la fournir. Si l'on se reporte aux frais de traduction que nécessite la description, en Italie, par exemple, où elle est obligatoire, et les causes de nullité qu'un libellé trop étendu peut entraîner, on est heureux de voir écartée cette exigence parasite.

Je demandai ensuite à M. le président du tribunal de commerce s'il ne pensait pas qu'un certificat de patente pût remplir le vœu de la loi, au point de vue de la *commercialité* du déposant.

Je produisis en même temps un extrait des contributions directes, portant acquittement du droit de patente, et dûment légalisé. Cette pièce fut considérée, sans conteste, comme complétement satisfaisante.

Je m'étais muni également d'une expédition authentique et en *fac simile* du dépôt fait au greffe français.

Cette pièce, qui devant nos tribunaux fait foi, *primâ facie*, contient, en fait, toutes les indications requises par l'autorité allemande pour l'enregistrement des marques conformes à la loi du 30 novembre.

Après avoir étudié ce document et s'être parfaitement rendu compte de sa valeur, M. le président du tribunal de Leipzig décida qu'en l'annexant au dépôt, toutes les exigences légales seraient suffisamment remplies.

Restait la difficulté la plus grave, presque insurmontable au premier abord, l'acte de notoriété exigé par l'art. 3 de la loi.

Un très-grand nombre de marques françaises et des plus importantes ne remplissent pas les conditions prescrites par la loi allemande, et par conséquent ne seraient pas recevables si l'art. 4 ne portait, à titre de disposition transitoire, que l'on ne pourra refuser les marques qui, avant le 1er janvier 1875, étaient réputées généralement dans le commerce être le signe distinctif de tel négociant déterminé.

Il en résulte que tout propriétaire d'une marque dans ces conditions est tenu de présenter au greffe de Leipzig un acte de notoriété constatant que ladite marque était réputée généralement dans le commerce, avant le 1er janvier 1875, être le signe distinctif de sa fabrication.

Dans les petites localités, de pareils actes de notoriété peuvent être dressés, mais, dans les grands centres, ils sont à peu près impraticables. D'ailleurs, ils ne seraient possibles, dans la plupart des cas, qu'au prix de grands embarras et de frais inévitables.

Ces considérations m'avaient frappé dès l'apparition de l'*Instruction* aux Chambres de commerce, et c'est pour y parer que je soumis au Département un projet de mise en demeure, à insérer au *Journal Officiel*, profitant à toutes les marques françaises, mais surtout à celles qui n'avaient été déposées qu'après le 1er janvier 1875 (et elles étaient nombreuses), bien que datant en réalité de dix, vingt ou trente ans.

Je soumis la rédaction de cette pièce à M. le Président du tribunal de commerce de Leipzig, qui en mesura tous les termes et y introduisit quelques modifications peu importantes. Je m'empressai d'en aviser la direction du commerce intérieur. De son côté, M. le Consul de France en transmit officiellement la teneur au Ministère des affaires étrangères, avec l'assurance qu'elle serait considérée par le greffe saxon comme constituant une présomption de notoriété dans le sens de la loi.

Immédiatement insérée au *Journal Officiel*, cette mise en demeure fut reproduite par le *Deutsche allgemeine Zeitung* de Leipzig, et bientôt par un grand nombre de journaux allemands. Enfin le *Central Handels Register* la mentionna à son tour. Il n'est pas inutile d'en reproduire ici les termes :

« Toute marque déclarée avoir été créée avant le 1er janvier 1875 et déposée avant le 5 septembre prochain, contre l'inscription de laquelle il n'aura pas été fait opposition entre les mains du Directeur du Conservatoire national de- arts et métiers avant le 20 septembre, sera réputée avoir été considérée généralement dans le commerce, dès avant le 1er janvier 1875, comme la propriété du déposant, sous réserve des droits garantis par les lois et les traités internationaux.

« En cas de non-opposition, le Directeur dressera un procès-verbal de carence, en vertu duquel il déclarera que ladite marque est réputée avoir été considérée généralement dans le commerce, dès avant le 1er janvier 1875, comme la propriété du déposant, sous réserve des droits garantis par les lois et les traités internationaux. »

Tout s'est passé comme on était en droit d'y compter. Les marques munies du procès-verbal de carence ont été admises couramment et sauvées ainsi d'une perte certaine.

Ici se pose la question de savoir quelle est la situation faite aux marques de la catégorie ci-dessus qui n'auraient pas été déposées avant le 1er octobre.

La loi est formelle : elles appartiennent au premier qui en fait opérer l'enregistrement. Les contrefacteurs allemands ont largement usé de cette latitude qui impose aux exportateurs français spoliés la plus grande prudence. Ils seraient, en effet, considérés aujourd'hui en Allemagne comme des contrefacteurs et punis comme tels.

Mais quant à ceux dont on n'a pas encore confisqué la marque par un enregistrement antérieur, ils peuvent librement déposer, et même bénéficier des avantages accordés aux propriétaires des marques anciennes, et à ce titre être admis à l'enregistrement même quand la marque consisterait uniquement en chiffres et en mots. C'est ce qui résulte des termes formels de l'art. 3 de la loi du 30 novembre et de la pratique du tribunal de commerce de Leipzig.

Le Conservatoire des arts et métiers continue, en effet, à délivrer utilement chaque jour des procès-verbaux de carence pour les marques déposées en France avant le 5 septembre et non encore déposées, depuis lors, à Leipzig par des tiers. Mais il ne doit pas délivrer de procès-verbal de ce genre, pour des marques déposées après le 5 septembre, et qui par conséquent ne sauraient bénéficier de la mise en demeure.

Pour ces marques, il est indispensable d'établir un acte de notoriété par les procédés ordinaires. Les difficultés souvent insurmontables que l'on éprouve pour arriver à résoudre ce difficile problème prouvent combien a été opportune et profitable la procédure adoptée par le Département. Il n'est pas douteux que cette expérience ne soit une indication sur certaines mesures à prendre si la loi de 1857 et le règlement de 1858 viennent à être retouchés, comme il est permis de le prévoir.

L'admission des marques françaises existantes, quelle que fût leur teneur, étant assurée, il me restait à tenter l'exonération de taxe, d'abord pour celles qui avaient déjà acquitté les droits dans un État confédéré, et, subsidiairement, pour celles qui seraient jugées être, en principe, dans les conditions prévues par l'art. 7, § 2 de la loi du 30 novembre.

M. le Président du tribunal de commerce de Leipzig s'était récusé, à cet égard, dans les deux cas. C'était dès lors au gouvernement saxon qu'il y avait lieu de présenter la demande.

M. le Consul de France eut l'obligeance de me remettre une lettre officieuse, grâce à laquelle je fus introduit sans retard près de M. le baron de Friesen, ministre des affaires étrangères et des finances. Ce haut fonctionnaire, après avoir écouté mes raisons avec une grande bienveillance, pensa que je devais m'adresser à son collègue du Commerce, et se chargea de l'entretenir de la question en lui remettant ma *Note à consulter*. M. le baron de Nostitz allait quitter Dresde ; il désigna un conseiller de cabinet pour me recevoir. Après étude des pièces, il fut décidé que le Ministère de la justice était seul compétent. C'est là, en effet, que la question fut définitivement posée, et résolue de la manière la plus satisfaisante. Je ne saurais trop me louer de la sollicitude attentive et de l'esprit de libérale équité que j'ai trouvés chez les hauts fonctionnaires avec lesquels j'ai eu à conférer plusieurs fois.

Il fut décidé : 1° que les Français ayant déposé leurs marques dans un État confédéré quelconque, seraient dispensés de la taxe pour ces marques, *ipso facto*, sans autre constatation que le certificat du greffe allemand ayant encaissé; 2° que tout déposant qui se croirait des droits à l'exonération en vertu de l'art. 7, serait admis à faire sa déclaration et *à prendre date*, par conséquent, sans être tenu de verser le montant de la taxe au greffe de Leipzig, lequel n'aurait le droit de l'exiger qu'après décision du pouvoir central, sur le vu du dossier.

C'étaient là des concessions précieuses à tous les titres, quant au fond d'abord, mais aussi en ce qu'elles simplifiaient considérablement les choses à un moment où le moindre retard pouvait causer la perte de propriétés considérables; car passé le 1ᵉʳ octobre, qui était proche, les contrefacteurs étaient en situation de revendiquer comme leur propriété exclusive, les marques françaises déposées seulement par eux.

Ce qui avait été promis à Dresde de vive voix me fut confirmé quelques jours après par une dépêche, dont je m'empressai de donner connaissance à M. le marquis de Sayve, qui voulut bien en faire faire la traduction dont copie ci-jointe.

Il me reste à préciser, dans l'intérêt du commerce, les conditions qui ont été considérées, par le ministère de la justice, comme de nature à impliquer la notoriété en échange de laquelle le gouverneur saxon a la faculté, aux termes de la loi, de prononcer l'exonération.

J'en ai soumis une classification qui a été accueillie avec faveur, sous réserve expresse, bien entendu, du droit d'appréciation de l'autorité centrale, sur le vu des dossiers. Cette classification, qui conserve toute sa valeur, car l'exonération peut être invoquée de ce chef comme avant le 1ᵉʳ octobre pour les marques visées par l'art. 7, § 2, repose, par ordre d'importance, sur les trois catégories qui suivent :

1° Marques appliquées sur des produits ayant obtenu des récompenses à des expositions internationales.

2° Marques dont la propriété exclusive a été confirmée au déposant par des jugements ou arrêts, passés en force de chose jugée dans plusieurs pays étrangers.

3° Marques appliquées sur des produits, généralement vendus dans un certain nombre de pays étrangers, et connues dans ces pays comme étant celles du déposant.

Il est bien entendu que l'exonération ne peut être invoquée

que pour des marques réunissant l'une des trois ou les trois conditions précédentes *avant le 1er janvier* 1875.

Je dois dire, toutefois, que cette seconde partie des concessions obtenues était subordonnée à la façon dont il en serait usé vis-à-vis des fabricants allemands. Malheureusement ils ont été traités très-rigoureusement dans un État voisin dont l'influence est prépondérante en Allemagne, la Prusse. La feuille officielle du 6 avril dernier s'est décidée à donner des explications à cet égard. Elle déclare que le Gouvernement prussien n'a pas encore fait usage du droit d'exonération, et elle ajoute que, suivant toutes les probabilités, il ne sera point pris ultérieurement de mesure de principe au sens de l'art. 7, § 2 de la loi. L'organe officiel ajoute qu'il ne pourra y avoir exonération que dans les cas très-rares et très-exceptionnels où les moyens pécuniaires du fabricant ne lui permettraient pas d'acquitter la taxe.

Ces déclarations ne concordent guère avec celles qu'on trouve dans l'Exposé des motifs, lequel fait de la question d'exonération une question d'équité, dont la solution ne paraît subordonnée à la décision de l'État intéressé qu'en vue de tenir compte des moyens pécuniaires... dudit État.

« Les gouvernements des différents États allemands jugeront avec une particulière compétence si l'exonération de taxe peut se justifier en ce cas par des motifs d'équité. Une raison d'ailleurs doit porter à leur déférer cette décision, c'est que la taxe susdite relève exclusivement des ressources budgétaires de l'État en cause. »

On voit qu'il ne s'agissait pas, à cette époque, de réclamer des certificats d'indigence aux réclamants. Je n'ai pas besoin d'ajouter que, dans mes conférences avec le haut fonctionnaire du ministère qui a signé la déclaration importante dont il a été parlé plus haut, un pareil point de vue ne s'est présenté à l'esprit de personne. Il est même permis de considérer la question comme étant encore *sub judice* en ce qui concerne la Saxe, dont les déposants étrangers ont seulement à se préoccuper. Toutefois, il n'est pas permis de méconnaître l'influence que pourra exercer dans le reste de l'Allemagne la jurisprudence administrative adoptée en Prusse.

Quoi qu'il en soit, un fait considérable reste acquis, c'est l'exonération accordée de droit, par le Gouvernement saxon, à toute marque antérieurement enregistrée en pays allemand. Il faut même noter que ceux de nos fabricants possesseurs de telles marques, qui auraient acquitté la taxe à Leipzig par méprise, doivent réclamer la restitution de l'indû. Le ministère saxon a trop bien montré les sentiments de justice qui l'animent pour autoriser une perception, résultat d'une surprise.

Il est facile de voir par cet exposé que les questions relatives à la période transitoire ont été complétement résolues en temps utile, et que celles qui concernent la recevabilité en général, quant aux marques de création récente ou future, sont également tranchées aussi favorablement qu'il était possible de l'espérer. Aussi les dépôts s'opèrent-ils avec une régularité parfaite.

Je ne saurais terminer cette première partie sans faire remarquer que lors de l'initiative prise par l'Union des Fabricants, *vingt-sept* maisons seulement avaient pu déposer leurs marques, et que, immédiatement après le règlement des difficultés pendantes, il y eut en quelques jours *deux mille* marques environ admises à l'enregistrement.

Inutile d'ajouter que les étrangers de toutes nations ont bénéficié comme nos nationaux des avantages obtenus.

Il ne pouvait être démontré avec plus d'évidence que la France continue à marcher en tête du mouvement économique, en matière de marques de fabrique et de commerce. Personne, du reste ne conteste à notre pays tous les droits possibles à ouvrir d'utiles avis dans ces questions familières à notre jurisprudence; mais il n'est pas inutile peut-être, que, sur des points de haute moralité commerciale autant que de science économique, l'intervention prépondérante d'un Syndicat de fabricants français se soit clairement manifestée, pour le plus grand avantage des intérêts généraux.

État des choses avant la loi du 30 novembre.

C'était une croyance généralement répandue, aussi bien en Allemagne qu'au dehors, que les législations locales ne permettaient pas de réprimer la contrefaçon des signes figuratifs.

Tout le monde se trompait néanmoins, en ce qui concerne bon nombre d'États.

En Saxe, par exemple, le Code pénal contenait un article des plus précis :

« Art. 312. — Quiconque aura fait un usage frauduleux des timbres, ou encore des étiquettes d'une maison de commerce ou d'une fabrique, sera puni de l'emprisonnement jusqu'à quatre mois. »

Le Code criminel du grand-duché de Brunswick, du 10 juillet 1840, porte une prescription analogue :

« Art. 229. — Quiconque met dans le commerce les signes distinctifs, timbres ou étiquettes d'une fabrique, par imitation ou contrefaçon, commet une fraude. »

Le traité franco-hanséatique du 4 mars 1865 avait aussi prévu le cas de la manière la plus explicite par l'article 24, ainsi conçu :

« Pendant la durée du présent traité, la propriété des marques de fabrique ou de commerce, sous quelque forme ou nom que ce soit, ainsi que les étiquettes de marchandises ou emballages de toute espèce appartenant aux sujets et citoyens de l'une ou l'autre des hautes parties contractantes, sera réciproquement protégée. »

En Bavière, la garantie de la propriété des marques de fabrique était réglée par l'article 336 du Code pénal, et l'Ordonnance de mise à exécution.

Le grand-duché de Bade punissait les contrefaçons des marques ou timbres des fabricants de la même peine que la contrefaçon des œuvres d'art et d'esprit.

Dans les provinces du Rhin, la Westphalie et le duché de Berg, régnait la législation française sur les articles de fer et d'acier ouvrés, mais avec des intermittences bien faites pour troubler les industriels locaux ou étrangers sur l'étendue de leurs droits. Le Dr Grimm en a fait l'historique devant le Reichstag, et il n'est pas sans intérêt de consigner ici les diverses péripéties qu'il a rappelées, non sans exciter des *mouvements divers* très-significatifs :

En 1840, une loi prussienne édicta que les raisons sociales seules auraient droit à la protection de la justice. Mais les réclamations furent si vives que, deux ans après, un ordre du cabinet remit les choses dans le *statu quo ante*.

En 1847, l'influence des contrefacteurs rhénans ayant repris le dessus, la protection légale fut retirée de nouveau par la Prusse aux marques proprement dites.

Nouvelles protestations sans cesse croissantes. L'agitation devient telle que la Prusse cède encore une fois à la pression des intérêts légitimes, auxquels la loi française pouvait seule donner satisfaction, et en 1854, la législation française est rétablie.

Ce n'est pas ici le lieu de tirer du récit fait par le député de Manheim les enseignements multiples qu'il comporte, et qui dépassent de beaucoup les limites de la question purement technique; mais il est permis de s'étonner que le spectacle d'une pareille lutte n'ait pas amené plus tôt, en Allemagne, un mouvement d'opinion en faveur d'une propriété si énergiquement revendiquée. Cette anomalie apparente s'explique néanmoins, lorsque l'on pénètre au fond des choses : par un sentiment de patriotisme dont je n'ai pas à discuter les écarts, le Dr Oppenheim, député de Berlin, a exposé devant le Reichstag les causes qui, suivant lui, ont porté les Allemands à « naviguer sous des voiles étrangères. »

Il a dit que la législation nationale n'assurant en général aucune protection aux signes figuratifs, et les noms étant des marques insuffisantes, surtout dans les pays transatlantiques, la fabrique allemande s'était résignée à abriter ses « excellents » produits sous la marque des commissionnaires étrangers.

Le député de Berlin a malheureusement négligé d'ajouter que cette opération se fait en général à l'insu desdits commissionnaires, ce qui atténue singulièrement le mérite de cet acte de résignation. On pourrait aussi lui apprendre que, lorsque les commissionnaires allemands veulent se faire une marque de commerce jouissant d'une sérieuse et honorable notoriété, ils s'adressent à nos fabricants, — ce qui est à l'honneur des deux parties, — qui leur livrent une excellente marchandise dont le commissionnaire se porte garant vis-à-vis de sa clientèle, en y apposant la marque de sa maison de commission.

À quoi il faudrait ajouter qu'en pareil cas il n'est pas rare de voir des fabricants allemands usurper cette même marque de leur compatriote, en vendant, grâce à ce pavillon, les produits de dernier ordre de leur fabrication. Les exemples abondent, et rien ne serait plus facile que d'en citer. Cela prouve que lorsque la fabrication est bonne, elle n'a pas besoin de « naviguer sous des voiles étrangères »; cela est d'autant plus naturel que les marques figuratives des Allemands ont toujours été protégées dans les pays qui accordent cette protection aux marques indigènes, par cette raison que, d'après les termes constants des traités, les étrangers avec lesquels il existe des conventions sur la matière, ont droit au même traitement que les nationaux.

Les organes sérieux de la presse allemande ont mis plus de franchise dans la discussion. La *Gazette d'Elberfeld*, dans un article reproduit par le *Moniteur de l'Empire* en septembre dernier, a stigmatisé hautement les habitudes de contrefaçon des Allemands, en disant que ce moyen commode de profiter de la notoriété d'autrui est une honte pour le nom allemand.

Le *Journal de Crefeld*, plus explicite encore, s'exprimait ainsi le 30 septembre:

« ...... Malheureusement on ne s'est pas contenté de mettre des mots français sur les étiquettes de marchandises allemandes; on est allé jusqu'à imiter complétement les étiquettes des fabricants français, avec les initiales qui indiquent la raison sociale, et de cette manière on trompe le public en lui faisant prendre les produits du pays comme des marchandises sortant des maisons des concurrents de France. Nous mentionnerons seulement la marque J B D de Saint-Étienne, qui a été surtout introduite en Hollande, et la marque G F ....

« Le dommage produit par ce procédé blâmable ne s'est pas fait longtemps attendre; des fabricants médiocres ont offert leurs mauvaises marchandises en se servant des mêmes étiquettes, de sorte que le public a fini par en conclure que la fabrication allemande n'est qu'une imitation imparfaite; et l'on recherche avec d'autant plus d'empressement les marques réputées bonnes des fabricants de Saint-Étienne, qui aujourd'hui sur tous les marchés étrangers sont considérés comme produisant des qualités supérieures aux marchandises allemandes. »

Mais il est un fait résultant de l'application de la loi elle-même qui renverse plus complétement encore l'argumentation à peine spécieuse du docteur Oppenheim, c'est que les fabricants allemands se sont empressés de profiter des interstices de la loi, pour s'emparer légalement des marques étrangères les plus renommées. Les trois premières maisons de Saint-Étienne déjà citées, ont vu leurs marques audacieusement déposées par des fabricants de Gladbach. La même marque a été déposée par divers, deux et trois fois. Heureusement nos fabricants avaient pu, à grand'peine il est vrai, se mettre en règle avant le 1er octobre, de telle sorte que les usurpateurs actionnés aujourd'hui en radiation seront forcés de renoncer à leur coupable industrie. Le *Central Handels Register* révèle chaque jour des cas de ce genre, mais dans lesquels les véritables propriétaires n'ayant pu, pour diverses causes, arriver à l'enregistrement, avant leurs contrefacteurs, vont inévitablement succomber devant les tribunaux allemands.

On conçoit, par ces éclaircissements, pourquoi la fraude étant endémique, la magistrature allemande laissait sommeiller la loi dans les circonscriptions où l'on aurait pu l'invoquer; la dissemblance des législations sur la matière, dans un pays divisé en une multitude d'États, venait encore paralyser ce qui restait de sens moral. Le mot: « vérité en deçà, erreur au delà », avait des applications trop multipliées dans un court périmètre, pour que la notion, élémentaire en France, du respect dû à la marque de fabrique, pût sérieusement pénétrer dans les consciences.

L'obscurcissement du sens moral en était venu à tel point, que dans certains États, la magistrature ne considérait même plus la propriété du nom comme de nature à être protégée. En 1864, notre Ministère des affaires étrangères dut même intervenir près du gouvernement du grand-duché de Hesse Darmstadt, lequel estimait que la loi autorisait l'usurpation de nom!

Le gouvernement impérial a compris qu'un ensemble systématique d'actes d'une telle immoralité ne pouvait se produire plus longtemps sans porter une atteinte irrémédiable à la considération du pays.

Sollicité, en 1870, par le Comité permanent de la Chambre centrale du commerce allemand, et décidé en 1873 par l'adoption à l'unanimité de la motion Petersenn, le Conseil fédéral a présenté un projet de loi adopté le 30 novembre, avec diverses modifications.

Il n'est que juste de reconnaître que le Code pénal fédéral avait précédemment fait faire un pas à la question en permettant de poursuivre pénalement la contrefaçon de la raison sociale, qu'elle fût ou non accompagnée de l'indication du domicile exigée précédemment par le Code pénal prussien. Mais cette disposition laissait sans défense l'immense majorité des marques, constituées comme on sait par des signes figuratifs.

Une véritable révolution économique a donc été accomplie par la loi du 30 novembre. Elle aurait pu être plus complète sans

2

soulever de plus grandes récriminations. Mais, telle qu'elle est, elle constitue un événement qui mérite d'être considéré sous tous ses aspects avec une scrupuleuse attention.

———

Économie générale de la loi du 30 novembre.

La discussion au Reichstag devait nécessairement refléter dans une large mesure, les besoins véritables, les prétentions exagérées, les vues parfois un peu étroites, les espérances et les craintes, les erreurs économiques surtout, qui faisaient le fond de la situation, à la suite d'abus invétérés, auxquels la nouvelle législation se propose de mettre fin.

L'Exposé des motifs ne fait point difficulté de reconnaître que la loi est oligarchique, et que toute son économie est combinée de façon à lui conserver ce caractère :

« Les entreprises commerciales que l'on n'inscrit pas au registre du commerce sont d'une importance tout à fait locale. Les grands industriels, les Sociétés minières elles-mêmes relèvent du Code de commerce, dont la petite industrie est exclue. »

On ne comprendra pas facilement en France que les produits de l'agriculture soient mis hors la loi, et rangés au nombre de ceux qui n'offrent qu'une médiocre importance.

La conséquence du point de départ adopté, a été le prix élevé de l'enregistrement. On n'a pas réfléchi, qu'en dépouillant en fait le petit fabricant du droit de faire protéger sa marque naissante, on lui enlève virtuellement la certitude de la faire protéger lorsqu'il aura suffisament prospéré pour avoir ses entrées au Registre du commerce, et que sa marque, qui aura grandi avec lui, représentera une propriété importante. Le premier venu, entrant d'emblée dans les affaires avec des capitaux considérables, pourra légalement lui ravir, en effet, par une spoliation juridique, le fruit de bien des années d'un travail persévérant.

Le rédacteur officiel paraît croire aussi que « la multiplicité des marques aurait pour effet d'en provoquer l'avilissement. » Il suffisait de se renseigner en France, en Angleterre et aux États-Unis, pour voir combien c'est là une appréciation erronée, et une crainte chimérique.

Du reste, cette appréhension d'un envahissement de marques restreignant dans des proportions menaçantes le champ du domaine public, a été à peu près générale au sein du Reichstag. Le Dr Oppenheim, député de Berlin, et le docteur Reichensperger, député de Crefeld, se sont signalés dans cette crainte d'un « déluge de marques. » Il semble que l'on redoute un accaparement subit de tout ce qui peut servir d'emblème, de façon à mettre les générations futures de commerçants dans l'impossibilité de trouver des signes distinctifs disponibles. Cette croyance est tellement sincère, qu'un député a fait valoir cette raison pour demander que les lettres et les mots puissent, joints à des signes figuratifs, constituer une marque, ce qui permet, dit-il, d'espérer que, le nombre des signes étant épuisé, on pourra, néanmoins, créer facilement de nouvelles séries à l'aide des combinaisons de mots, lettres et signes figuratifs.

C'est à cette préoccupation qu'il faut attribuer sans doute les mesures prises pour annuler d'office le dépôt dans un si grand nombre de cas.

« Une marque ayant été inscrite, dit l'Exposé des motifs, ce n'est que son extinction qui offre de nouveau un intérêt général. »

On a cru voir dans ce passage l'expression voilée de cette opinion, que l'extinction d'une marque enrichit le domaine public. Ce serait sans doute une interprétation erronée de la pensée officielle, et l'on ne saurait, sans preuves plus complètes, attribuer au Conseil fédéral une erreur économique aussi grande. Il est clair, en effet, que l'extinction d'une marque, bien loin d'enrichir le domaine public, l'appauvrit, surtout si un industriel peu scrupuleux se l'adjuge légalement, sans souci d'en perpétuer les mérites, mais uniquement dans l'intention d'exploiter la confiance que le consommateur met en elle.

Cet inconvénient n'a point échappé au législateur en Angleterre. La loi nouvelle contient même une disposition entièrement inédite dans la matière, à savoir que nul ne pourra s'approprier une marque abandonnée par son propriétaire avant un délai de cinq ans, espace de temps suffisant pour qu'il n'y ait aucune surprise ni aucune méprise.

La question de centralisation ne pouvait manquer de jouer un rôle important dans la loi :

Le commissaire du Gouvernement a fait ressortir que c'est à la centralisation impériale que l'Allemagne devra de pouvoir posséder une sérieuse protection des marques. Il a laissé clairement entrevoir aussi qu'on aurait désiré centraliser les enregistrements à Berlin, mais que ce *desideratum* avait paru inexécutable.

Au point de vue matériel, cette allégation ne saurait se soutenir. L'exemple de la Suisse prouve que c'est là, au contraire, la procédure la plus simple. L'Angleterre vient de s'y ranger, et il est vraisemblable que ce mode d'enregistrement se répandra de plus en plus.

En fait, la centralisation des marques au *Reichsanzeiger* concurremment avec celle des raisons sociales, est une solution pratique du problème, qui a eu la fortune de ne pas froisser le particularisme, tout en faisant entrevoir les avantages de la centralisation. Si tel a été le but secret de la Chancellerie impériale, elle l'a atteint pleinement, car, aujourd'hui, les commerçants des États confédérés sont les premiers à réclamer la centralisation des enregistrements, ainsi qu'il sera expliqué plus loin.

Au Reichstag, les préoccupations ont été tout autres. Les orateurs qui ont eu les honneurs du débat ont même commis des erreurs en matière de principes, et de législation comparée, qu'excuse seule la nouveauté du sujet dans les Chambres allemandes.

C'est ainsi que le député de Crefeld a insisté sur la nécessité de frapper la falsification des produits alimentaires plus sévèrement que toutes autres, sans songer que le législateur n'a pas à s'enquérir de la qualité de la marchandise, mais seulement de la sincérité de la marque. Il est permis de sourire en voyant le représentant d'une contrée connue pour contrefaire les marques de Saint-Étienne, attirer surtout l'attention du public sur les contrefaçons des marques recouvrant des produits alimentaires.

Le Dr Grimm hasarde les appréciations les plus inattendues. Il assure que le législateur n'a guère à se préoccuper que des marques actuellement existantes. Il regarde celles qui pourront être créées à l'avenir comme d'une importance insignifiante. S'il en était ainsi, il faudrait considérer l'industrie allemande comme condamnée d'avance, car son infériorité actuelle n'est niée par personne, et son objectif doit être surtout dans l'avenir.

Un autre député prétend que la loi autrichienne exige dans les marques, non-seulement le nom, mais le domicile, ce qui est absolument inexact.

Tous supposent enfin que les législations des autres pays n'ont en vue que l'intérêt du consommateur, tandis que celui de l'industrie nationale figure en première ligne dans les législations perfectionnées. Il peut se faire, en effet, que la contrefaçon soit d'aussi bonne qualité que le produit d'origine ; mais le propriétaire de la marque d'origine n'en est pas moins lésé, et à ce titre, n'en mérite pas moins d'intérêt.

En vain la réalité des faits s'est-elle présentée parfois dans la discussion d'une manière saisissante, à propos de la marque de Bielefeld, dont la fabrique s'est fait une grande notoriété pour ses toiles. La marque de Bielefeld est une fleur de lin, et Bielefeld demandait, par l'organe de son député, M. Kisker, que les fabricants d'autres régions ne pussent prendre légalement la marque de Bielefeld. L'amendement a été repoussé comme attentatoire à la liberté du commerce et aux droits du consommateur.

On voyait bien que l'on sacrifiait des droits respectables, mais il semble qu'à chaque instant on sentît la terre ferme se dérober. Cela vient de l'absence des principes régulateurs en une question qui ne permet guère le moindre faux pas.

Dans la question relative à Bielefeld, par exemple, la solution était non dans la répression d'une contrefaçon de marque, mais dans celle d'une usurpation de nom de lieu, ou d'une concurrence déloyale, voies de droit entièrement différentes, mais parallèles.

En vain le commissaire impérial a-t-il tenté plusieurs fois de faire entrevoir ces natures d'actions. A toutes ses allusions, les professeurs de droit ont répondu que la loi ayant précisément pour objet de réglementer spécialement toutes les actions relatives aux marques, le droit commun ne saurait avoir d'application ultérieure en cette matière.

En France, où tout a été dit sur ces questions, arrêtées depuis longtemps avec la plus grande netteté, on éprouvera quelque surprise de les voir ainsi tronquées. Mais l'expérience est le fruit du temps, il ne faut pas l'oublier.

Ce qui ressort, en un mot, de l'étude attentive des mobiles divers qui ont présidé aux délibérations du Reichstag, c'est une grande méconnaissance du sujet, et une prétention peu justifiée à faire autrement et mieux que dans les pays où ces problèmes ont été approfondis et résolus de longue date.

La pratique a montré bien vite que la loi ainsi élaborée aurait des conséquences très-imprévues pour ses auteurs et qui ne laisseraient pas de leur causer quelque déplaisir. Il suffit de citer les facilités scandaleuses que les contrefacteurs trouvent dans le droit de priorité et les obscurités que présente la loi aux yeux de tous, et particulièrement des nationaux, au point de vue de la recevabilité des marques et de la validité des enregistrements.

Le besoin d'explications est tel, que l'on ne cesse de s'adresser à la Chancellerie impériale, qui ne saurait donner en réalité, comme elle l'a déclaré souvent, que des renseignements purement officieux, et qui n'engagent pas la magistrature. La *Gazette de Vooss* a même attaqué la loi avec violence, ce qui a provoqué de la part du *Moniteur officiel* une réponse quelque peu embarrassée.

De l'ensemble des pétitions envoyées au pouvoir central, se dégage en général le désir de voir établir une administration d'Empire, chargée de recevoir les marques en un bureau unique, et de prononcer sur la recevabilité.

Le commerce de Remscheid a précisé du reste cette proposition en s'appuyant sur un travail très-intéressant d'ailleurs de M. Baeker, où l'on trouve jusqu'aux formules dont l'usage serait obligatoire. C'est l'adoption très-rigoureuse de la doctrine de l'*examen préalable*. Le commerce allemand demande à être mis en tutelle. La Chancellerie n'a pas cru devoir encore entrer dans cette voie, mais il est vraisemblable que la tentative sera renouvelée.

Il est à peine besoin de faire remarquer que l'établissement d'une censure telle que la demande l'industrie de l'Empire, ferait rétrograder la question à des époques bien loin de nous. Le moindre inconvénient de l'examen préalable, c'est de transformer des fonctionnaires administratifs en tribunal, juge d'une propriété privée, et prononçant sur des questions qui ne sauraient relever que de l'autorité judiciaire. Le fait existe aux États-Unis sans nul doute, mais c'est un reste de la tradition anglaise, à laquelle l'Angleterre elle-même vient de renoncer.

C'est au milieu des difficultés de tout genre dont il vient d'être donné un aperçu, que le Commissaire impérial avait à se mouvoir. Il a accompli sa mission avec une rare habileté, une merveilleuse présence d'esprit, un tact et une science qu'il faut louer hautement, tout en faisant d'expresses réserves sur la doctrine qui sert de point de départ au projet de loi qu'il a si brillamment défendu devant le Reichstag.

Mais il n'est pas téméraire de penser que cet éminent économiste aura puisé de grands enseignements dans l'expérience à laquelle la législation nouvelle est soumise, et que sa parole souple et lucide se fera entendre plus tôt, peut-être, qu'on ne le croit pour proposer, au nom du gouvernement de l'Empire, la révision partielle de la loi.

A vrai dire, on ne s'est pas dissimulé qu'elle laissait en suspens bien des points essentiels ; mais, par un accord tacite, on a paru s'en remettre à la jurisprudence du soin de donner à la nouvelle législation ses véritables lignes.

Bacon a dit que la meilleure loi est celle qui laisse le moins de marge à l'arbitraire du juge. Cette maxime, qui préside actuellement à la révision des Codes en Italie et qui gagne de plus en plus de crédit dans la pratique juridique des races latines, ne trouve au contraire aucune faveur dans les conseils de l'Empire allemand. Le Commissaire fédéral a donné à entendre plusieurs fois et même a déclaré explicitement, dans une circonstance décisive, qu'il s'était abstenu volontairement de préciser les droits de chacun, afin d'en laisser la mesure *arbitrio judicis*.

Cette réserve trouverait vraisemblablement son explication dans ce fait, que le particularisme a ses exigences, et que l'on ne trouve pas opportun de le soumettre à un inexorable niveau.

Le droit de priorité.

La loi allemande repose, en dehors des prescriptions relatives à la période transitoire, sur un principe absolument opposé à celui qui forme la base de la loi française. Notre législation a pour point de départ une considération d'équité, à savoir, que la propriété d'une marque appartient à celui qui le premier l'a créée et en a fait usage. La loi fédérale, au contraire, l'attribue à celui qui le premier en a fait opérer l'enregistrement.

En un mot, le dépôt est en France *déclaratif de propriété* ; en Allemagne il est *attributif de propriété*.

J'ajouterai que la doctrine adoptée par le droit français est universellement admise. Les législations sur la matière, votées tout récemment en Angleterre et au Brésil, ont consacré ce principe. Au sein du sénat brésilien, M. Nabuco, l'éminent juriste, s'est plu à rendre hommage à notre loi de 1857, et n'a pas manqué d'établir que le dépôt ne fonde un droit qu'à défaut de tout autre indice de propriété antérieure. Il a même fait adopter un amendement duquel il résulte que de deux marques aspirant à l'enregistrement, celle-là seule en aura le bénéfice qui aura été employée antérieurement par celui qui prétend la déposer.

En Angleterre, la loi, depuis quelques mois exécutoire, a adopté une mise en demeure de cinq ans, pendant laquelle tout ayant droit est admis à prouver qu'il faisait usage de la marque antérieurement à celui qui en a fait le dépôt.

On voit que l'étrange critérium voté en Allemagne par le Reichstag est une nouveauté qui n'est pas près de passer dans le droit commun des nations civilisées. Je dirai plus, on ne voit pas au premier abord les raisons qui ont pu motiver en Allemagne cette dérogation considérable à un principe si généralement reconnu. Mais on arrive à comprendre bien vite le point de départ adopté par les économistes du Reichstag, si l'on se reporte à celui qui régit dans le même pays les noms et les raisons de commerce. Aux termes de l'art. 19 du Code de commerce fédéral, tout négociant est tenu, en entrant dans les affaires, de faire enregistrer sa *firma* au greffe du tribunal de commerce de son domicile. Dès lors, la priorité de déclaration de la raison de commerce concorde avec la priorité d'emploi. On a jugé que ce serait une grande simplification dans le service, que de calquer le régime des marques sur celui des noms ; mais pour que cette assimilation fût logique, il faudrait rendre aussi obligatoire l'enregistrement de la marque au moment de sa création. On n'a pas songé un seul instant à pousser les choses jusque-là. Il n'était pas possible, en effet, d'imposer à un négociant, au moment où il ouvre ses magasins pour la première fois, la charge exorbitante des taxes obligatoires pour des marques auxquelles le temps seul peut assigner une valeur, mais auxquelles aussi il peut n'en assigner aucune.

On s'est donc tenu dans une limite qui, en réalité, et en dépit des meilleures intentions, aboutira presque toujours à une spoliation juridique. En effet, après comme avant la loi du 30 novembre, un commerçant ne consentira à faire un sacrifice, pour l'enregistrement de ses diverses étiquettes, que le jour où le consommateur aura, par des choix répétés, fait une notoriété à telle ou telle d'entre ces mêmes étiquettes en achetant de préférence le produit qu'elle caractérise.

Mais ce jour-là, il suffira qu'un concurrent peu scrupuleux, mais attentif, ait fait inscrire comme sienne, à une heure matinale, la propriété d'autrui. Le juge, lié par l'article 8, ne pourra qu'homologuer cette usurpation, et évincer le légitime propriétaire du signe distinctif en litige.

Si la priorité, ainsi comprise, ne pouvait s'appliquer qu'aux indigènes, l'examen de la question n'aurait pas de raison d'être dans ce Rapport; mais il en est tout autrement, et il faut que notre commerce sache ce qu'il doit craindre comme ce qu'il doit espérer de la nouvelle loi. La priorité d'enregistrement, prise comme base unique du droit de propriété, constitue évidemment à l'égard des étrangers, une menace permanente de spoliation. Un exemple expliquera le cas avec toute l'évidence possible : Un négociant de Saint-Étienne, lassé de voir sa marque contrefaite à Crefeld ou Gladbach, et discréditée par cet usage abusif près des consommateurs, se résout à créer une marque nouvelle. Il la combine dans le plus grand secret, et, aussitôt après l'avoir déposée au greffe de Saint-Étienne, il se hâte de se faire délivrer un *facsimile*, de le présenter à l'enregistrement, puis à la légalisation près le président du tribunal de commerce, puis à la préfecture. Vu l'urgence, il part pour Paris, hâte les légalisations au ministère de l'intérieur et des affaires étrangères, enfin à l'ambassade d'Allemagne, après quoi il va droit à Leipzig. Il a fait des dépenses notables; mais avec une activité peu commune il se trouve au greffe de Leipzig, muni de la pièce exigée par l'article 20, moins de huit jours après avoir déposé à Saint-Étienne. Malheureusement, son concurrent de Crefeld, avisé par un correspondant soigneux, a déposé depuis plusieurs jours, comme sienne, sans déplacement et sans frais, au greffe de son domicile, la dernière marque du fabricant stéfanois.

Il en résulte que si un fabricant allemand a intérêt à empêcher un concurrent français de déposer une marque à Leipzig, il le pourra *toujours*.

C'est là un fait très-grave. Je l'ai signalé à de nombreux juristes, à Leipzig, Dresde et Berlin. Tous ont reconnu que cette éventualité n'avait pas été prévue, mais pouvait et devait nécessairement se réaliser.

Évidemment il y a quelque chose à faire, et, lorsque les étrangers de toute nation s'apercevront que la loi leur retire d'une main ce qu'elle leur accorde de l'autre, tout le monde sera d'accord pour aviser, et la Chancellerie impériale ne sera pas la dernière à admettre une solution.

Je ne crois pas trop m'avancer en disant que je l'ai trouvée. Tel est, du moins, l'avis d'un personnage dont la compétence ne saurait être mise en doute à Berlin ; mais cet important sujet ne saurait être traité utilement ici, et, conformément au conseil officieux qui m'en a été donné, j'aurai l'honneur, si Votre Excellence veut bien me le permettre, de lui adresser un Mémoire à cet égard, en la priant de vouloir bien le faire parvenir au prince de Bismark par les soins du département des affaires étrangères, si les intérêts en cause et les moyens indiqués pour les sauvegarder paraissent dignes d'un sérieux examen.

Pour le moment, aucun palliatif n'est à rechercher. Le principe de priorité d'enregistrement est inscrit dans la loi : *Dura lex, sed lex.*

Il semble, du reste, que l'auteur de l'Exposé des motifs ait pressenti que le principe absolu de la priorité de déclaration comme base de tout droit pourrait bien engendrer, plus tard, quelque surprise embarrassante. Il avoue, en effet, qu'un avis de mise en demeure suivi d'un délai, compléterait singulièrement le projet, mais il juge que cette procédure exigerait un mécanisme d'une importance disproportionnée à l'intérêt en cause.

Peut-être cette considération ne lui paraîtrait-elle plus aujourd'hui prépondérante. L'Espagne en a fait justice depuis longtemps, et l'Angleterre vient de prouver que la difficulté peut facilement recevoir une solution satisfaisante pour tous les intérêts que la loi a mission de protéger.

Je ne saurais terminer l'examen des divers aspects que présente le principe de la priorité de déclaration comme fondant le droit, sans en montrer les conséquences à l'égard des fabricants qui se croient le plus désintéressés dans cette question, par cette raison, à leurs yeux décisive, qu'ils ne font pas d'affaires avec l'Allemagne.

La fausse sécurité dans laquelle ils se croient peut leur ménager de bien cruels mécomptes. Je suppose, en effet, un négociant n'exportant que dans le sud : l'Italie, l'Espagne, le Portugal. Sa marque est connue de tous comme lui appartenant. Il ne redoute aucune usurpation, et, par ce motif, n'a pas eu à se préoccuper de déposer dans ces pays.

Un concurrent allemand dépose cette même marque comme

sienne au greffe de son domicile, et, muni de cet acte de propriété définitif, il dépose en Espagne, en Portugal et en Italie. Après quoi, il fait saisir toutes les marchandises du véritable propriétaire de la marque, chez tous les dépositaires de ce dernier. Un procès s'engage. Le résultat n'en saurait être douteux : les tribunaux locaux, placés en présence de deux marques également légitimes dans le pays d'origine des parties, doivent nécessairement se prononcer en faveur de celle qui a été déposée la première en pays tiers.

Tout exportateur pour une région autre que l'Allemagne peut donc, s'il néglige de déposer à Leipzig, être victime d'un *mouvement tournant* qui englobera tous ses dépôts et le ruinera d'un seul coup. D'où il faut conclure que tous les exportateurs français qui veulent s'assurer la sécurité doivent déposer en Allemagne, qu'ils importent ou n'importent pas en ce pays. Et si malheureusement ils arrivent trop tard à Leipzig, ils doivent se hâter d'autant plus de devancer l'usurpateur dans les pays tiers en déposant le plus promptement possible.

Telle est la conclusion pratique qu'il faut tirer du droit de priorité, tel que l'entend la loi du 30 novembre.

Recevabilité des Marques.

Deux systèmes peuvent présider au dépôt d'une marque de fabrique : l'examen préalable, comme aux Etats-Unis, ou l'admission sans aucune garantie de la part de l'administration, comme en Allemagne et dans tous les autres pays.

L'Exposé des motifs établit que l'examen auquel se livre le greffier n'est qu'une constatation matérielle de régularité dans les pièces produites; mais, même à ce point de vue, l'inattention du greffier admettant une pièce irrégulière, ne couvre nullement le déposant. Ce qui le prouve, c'est la disposition de l'article relatif aux radiations, dans lequel il est dit :

Seront radiées :

1° . . . .

2° . . . .

3° . . . .

4° Les marques qui n'auraient pas dû être enregistrées.

La première condition pour être admis à déposer à Leipzig, c'est de jouir de la protection légale pour sa marque dans son propre pays.

Cette condition a fait s'élever une question très-importante.

Un négociant français qui dépose sa marque en France, mais dont le dépôt est périmé depuis quelques jours sans qu'il y ait pris garde, dépose à Leipzig en joignant à ses pièces son certificat de dépôt. Le greffe de Leipzig néglige de remarquer la date tardive portée au certificat, et enregistre. Le fabricant français s'aperçoit bientôt que son dépôt en France est périmé, et il le renouvelle.

Le dépôt fait à Leipzig est-il valable?

Je n'hésite pas à répondre par la négative, en m'appuyant sur un jugement rendu tout récemment par le tribunal de la Seine :

Un Américain, Howe, fait le dépôt de sa marque à Paris avant le traité de réciprocité signé peu de temps après entre la France et l'Amérique. Le tribunal de la Seine a décidé, sur les conclusions conformes du ministère public, que Howe, étant sans droit pour déposer, avait fait un dépôt nul et que le traité subséquent n'avait pu donner force exécutoire à ce qui n'existait pas.

Sans être identique comme espèce, le cas est identique au point de vue des principes.

Le négociant français qui a déposé à Leipzig, sans être protégé en France par la loi, a fait un dépôt nul, et son dépôt ultérieur en France n'a pu rendre exécutoire le dépôt à Leipzig, qui était nul en soi.

Les Allemands auraient le droit de nous tenir incontestablement ce langage, en s'appuyant sur la doctrine de nos tribunaux.

Les négociants français qui pourraient se trouver dans le cas précité doivent donc renouveler leur dépôt à Leipzig.

La pièce aujourd'hui admise à Leipzig, sur ma suggestion, comme prouvant que le négociant français jouit dans son pays de la protection légale, est une expédition du dépôt en *fac simile* délivré par le greffe, avec cette particularité que le greffier devra apposer le timbre du greffe sur la marque elle-même collée dans l'espace réglementaire.

L'article de la loi relatif à l'obligation pour le déposant étranger de prouver son droit exclusif dans le pays d'origine, présente encore un cas du plus haut intérêt. Je veux parler de celui dans lequel se trouvent en France les administrations dont les marques sont protégées par l'article 142 du Code pénal : la Régie des tabacs, les poudres, etc.

Dans certains pays, en Belgique par exemple, les marques des tabacs français sont considérées comme marques d'Etat. Il n'est nul besoin par conséquent de dépôt à Bruxelles; mais en Allemagne, les mêmes marques sont regardées comme des marques de commerce ordinaires; le dépôt est donc indispensable. Etant à Leipzig, il est même parvenu à ma connaissance, dès le commencement de septembre, que les contrefacteurs attendaient impatiemment le 1er octobre pour déposer, comme leur appartenant, les vignettes de l'administration des tabacs, au cas où le Ministère des finances négligerait de les faire enregistrer à Leipzig en temps utile, et je me fis un devoir d'en aviser le Ministère des affaires étrangères. Bientôt, M. le Consul de France eut l'occasion de s'assurer du même fait et en télégraphia à la Direction des consulats qui n'a pas manqué certainement d'en aviser la Direction générale des Tabacs : les marques ont été déposées en temps utile, et, de ce côté, il n'y a qu'à se féliciter qu'il en soit ainsi.

Mais il me paraît qu'il a été rempli préalablement une formalité plus que superflue : le dépôt au greffe du tribunal de commerce de la Seine.

En effet, qu'exige la loi allemande? Que le déposant justifie de son droit de jouissance exclusive dans sa patrie; c'est ce dont fait foi l'article 142 du Code pénal. Ne serait-il pas préférable de s'en tenir là, et de ne pas se soumettre à la législation de droit étroit constituée par la loi de 1857? Il y aurait inconvénient peut-être à s'appesantir ici sur les conséquences d'un abandon des avantages assurés à l'Etat au point de vue de la pénalité et de la juridiction par la prohibition inscrite au Code; mais cette considération mériterait assurément un examen attentif.

Ces questions incidentes signalées, je continuerai l'énumération des pièces requises. Ce sont ensuite quatre exemplaires de la marque avec indication de son emploi, certificat de patente si le certificat de dépôt en France n'indique pas suffisamment la qualité de commerçant du déposant, et une procuration s'il y a lieu.

Il est entendu que la procuration et les certificats doivent être dûment légalisés.

Quant à la déclaration portée en l'article 20 et relative à la juridiction éventuelle du tribunal de commerce de Leipzig, elle peut être faite par le fondé de pouvoirs.

Enfin, il est nécessaire d'envoyer un cliché de la marque, de trois centimètres dans sa plus grande dimension, si on ne préfère charger l'administration allemande de le faire exécuter.

Cette question du cliché est soumise à beaucoup d'arbitraire.

Le *Central Handels Register* a fait savoir récemment que si les clichés sont confus, ce qui est inévitable très-souvent en raison des dimensions par trop réduites que l'on exige, l'administration les refusera. Il donne à cet égard des conseils impossibles à suivre pour nombre de fabricants.

Ce n'est pas que les grands clichés soient toujours refusés. Il règne, à cet égard, un régime de bon plaisir qui étonne l'étranger habitué chez lui à une application uniforme des règlements; mais en ce qui concerne les *Kollectivmarken*, l'anarchie administrative est encore plus grande. Tantôt on reçoit cinq ou six marques sous un seul numéro, tantôt on exige que les mêmes marques soient scindées en deux, trois et même dix sections qui payent toutes comme marques séparées.

La Chancellerie impériale se déclare impuissante à corriger ces abus, regardant les tribunaux comme seuls compétents, ce qui ne paraît pas soutenable lorsqu'il s'agit d'une loi fédérale. Mais les raisons que j'ai déjà citées font que le pouvoir central préfère laisser au particularisme cet inoffensif aliment.

Du reste, les tribunaux ont été appelés déjà à se prononcer sur l'efficacité des *Kollectivmarken*. Dans un procès soutenu à Dresde par le représentant de la maison Howe contre une maison qui imitait sa marque, la maison demanderesse a perdu pour cette raison que, ayant déposé sous le même numéro plusieurs signes distinctifs de son produit, un autre fabricant a pu s'emparer de quelques-uns de ces signes sans être taxé de contrefaçon.

Le *Moniteur de l'empire*, en rapportant ce fait, ajoute ce commentaire qu'il en eût été tout autrement si les divers signes distinctifs déposés par Howe eussent été enregistrés comme signes, non seulement distinctifs, mais distincts sous un numéro spécial, attendu qu'on peut bien s'approprier légalement une partie d'une marque, mais non une marque entière.

J'ajouterai néanmoins que dans la pensée du rédacteur officiel, le cas ne s'applique qu'à des signes distinctifs à tel point étrangers les uns aux autres qu'on peut les considérer comme de véritables marques indépendantes et destinées à augmenter la sécurité du fabricant. Par la même raison qu'en s'assurant à diverses Compagnies l'assuré est tenu de payer autant de primes qu'il y a de Compagnies garantes, le fabricant qui dépose des signes indépendants pour le même objet doit les faire enregistrer sous des taxes différentes. Cette théorie n'en est pas moins très-rigoureuse en matière de marques, si l'on considère surtout l'élévation du tarif.

Il est douteux que le tribunal suprême de commerce sanctionnât la licence laissée aux contrefacteurs si elle lui était déférée.

On est trop porté du reste généralement à faire abandon de ses droits. Assurément il serait déplacé d'élever sans nécessité absolue des controverses juridiques, mais les garanties concédées ne sont pas tellement larges qu'on puisse sans imprudence en abandonner une partie notable. L'*Union des Fabricants* va donner l'exemple à l'égard d'une question de recevabilité exceptionnellement importante. La voici :

L'article 3 de la loi porte que toute marque qui ne sera pas composée *exclusivement* de lettres, chiffres ou mots ne pourra être refusée à l'enregistrement. Or, le greffe de Leipzig émet la prétention de refuser les marques composées de mots et d'une signature avec paraphe.

Il me paraît évident que de telles marques sont parfaitement recevables, car si le moindre signe sur une marque composée de mots la rend admissible, il n'est pas niable que le paraphe soit un signe et des plus caractéristiques dont la propriété appartient à tel point au signataire, que la contrefaçon de ce signe peut, en certains cas, conduire le contrefacteur aux travaux forcés.

Un grand nombre de marques en France étant intéressées dans la question, j'ai fait provoquer un règlement juridique de la matière.

Je ne laisserai pas ce sujet sans faire remarquer qu'il a été entendu dans la discussion que, en refusant l'enregistrement de marques composées exclusivement de lettres, on entend de lettres usitées dans le pays (*landeshübliche*). Le député Reichensperger a cité par exemple : les caractères coptes ou arméniens.

Il semble, d'après cela, que toutes lettres « sous une forme distinctive, » suivant l'expression de notre loi de 1857, devront être admises valablement, par exemple si elles sont ornées ou bizarres.

La loi défend enfin de recevoir des marques contenant des armes publiques. Cette disposition écarterait un très-grand nombre de marques françaises, s'il n'avait été admis sans conteste, que les marques existant au 1er janvier 1875 ne sont pas soumises aux diverses exigences de la loi, et doivent être admises en vertu du droit acquis.

J'ai exposé, dans la partie de ce rapport consacrée à la période transitoire, comment j'avais tourné la difficulté en ce qui concerne même les marques déposées après le 1er janvier et jusqu'au 5 septembre. Mais en ce qui concerne les marques non déposées au 5 septembre, et qui n'en existaient pas moins depuis longtemps, il n'y a qu'un moyen de bénéficier de l'interprétation relative aux marques jouissant d'un droit acquis, c'est de faire dresser un acte de notoriété établissant qu'au 1er janvier 1875 la marque était généralement considérée, dans le commerce, comme la propriété du déposant. Cette pièce est assez facile à obtenir en province, mais à peu près impossible à établir dans les grands centres.

Je passe à un cas de non-recevabilité auquel on a donné une importance qu'il ne comporte pas. Il porte sur la non-recevabilité des marques dont tous les industriels ou certaines catégories d'industriels ont usé librement jusqu'ici. Cette disposition très-légitime, et qui, sans avoir besoin d'être inscrite dans la législation, est observée par les tribunaux de tous pays, n'a rien d'attentatoire aux propriétés réelles. Elle résulte du droit naturel et du sens commun. J'examinerai, en parlant des exceptions préjudicielles, le parti que les contrefacteurs espèrent en tirer, et ce qu'elle est réellement.

En revanche, il est un cas de non-recevabilité très-sérieux, et peu connu en France. N'est pas recevable à réclamer l'enregistrement de sa marque en Allemagne celui qui, ayant vendu sa clientèle, se serait réservé sa marque, et désirerait s'en assurer la propriété exclusive, pour la vendre à un autre. Cette forclusion résulte des articles 23 du Code de commerce, et 1, du règlement d'administration publique combinés. La marque est inséparable de l'entreprise. Du reste, l'Exposé des motifs est de la plus grande clarté à cet égard. Il en donne pour raison que la marque est le signe représentatif du produit, manufacturé par l'établissement de commerce déclaré par le propriétaire de la marque, et que lui permettre de céder ce signe à un autre établissement de commerce, c'est favoriser une manœuvre qui aboutit nécessairement à tromper l'acheteur. Cela n'est pas toujours exact, car la marque représente, non le matériel ou la clientèle, mais la manière de fabriquer, que l'industriel peut parfaitement conserver comme secret de fabrique, en vendant son établissement industriel. C'est ce qu'admet avec grande raison la jurisprudence française. Mais combien le raisonnement fait par l'auteur de l'Exposé des motifs se retourne contre lui, lorsqu'on se reporte au droit que donne la loi allemande au premier venu de s'emparer d'une marque en la déposant avant celui qui en est le légitime propriétaire, et de tromper ainsi audacieusement l'acheteur !

Comme considération dernière, il n'est pas sans intérêt de signaler un cas de non-recevabilité soulevé par le *Mittel reinische fabrikanten verein* qui, à lui seul, aurait écarté l'immense majorité des marques étrangères. La grande association que je viens de citer, avait adressé au prince de Bismark une pétition élaborée dans une réunion nombreuse tenue à Mayence, pour le prier de déclarer que les *étiquettes* ne sont pas des *marques*, dans le sens de la loi, et par conséquent ne peuvent être admises à l'enregistrement.

La Chancellerie impériale a répondu, par une communication insérée au *Central Handels Register* du 27 septembre 1875, que si les étiquettes remplissent les conditions de la loi, elles rentrent dans la qualification de signes de marchandises (*Waarenzeichen*), adoptée par la loi pour désigner les marques; mais l'autorité centrale accompagne cette déclaration des instructions suivantes:

« De là, il résulte que ce qui peut être matière à enregistrement dans une étiquette, ce n'est pas son contenu général, tel que recommandations, discussions, prix de la marchandise et indication de quantité; ce n'est pas non plus la raison sociale qui est protégée sans qu'il soit besoin de déclaration, mais seulement les signes distinctifs des marchandises qu'on a pu introduire dans ladite étiquette. »

C'est là une interprétation absolument inconciliable avec l'art. 3, portant que les marques contenant à la fois des mots et des signes sont protégées par la loi. Il est clair que cette disposition serait vide de sens, si la partie figurative était seule protégée; lorsqu'elle est mêlée de mots. On ne saurait méconnaître que la loi a voulu en ce cas protéger l'ensemble. Cela ressort du reste de la discussion au Reichstag, car l'admission des marques composées de mots et de signes a été introduite précisément pour favoriser un plus grand nombre de combinaisons.

Du reste, l'auteur du *Communiqué* a soin de dire qu'il émet seulement une opinion, et que l'interprétation officielle de la loi ne saurait appartenir qu'à la magistrature.

Il est certain que les tribunaux de commerce n'ont pas suivi en cette circonstance l'inspiration qui leur venait du pouvoir central, car les marques déposées consistent presque exclusivement en étiquettes dans lesquelles les signes figuratifs ne comptent que pour une part bien minime.

Le *Mittel reinische fabrikanten verein* a donc échoué dans la campagne qu'il avait entreprise et a même perdu les légers avantages que la Chancellerie avait paru disposée à lui accorder.

Je n'ai pas à apprécier ici les motifs qui avaient guidé les membres de cette puissante association; mais on pourrait facilement les lire entre les lignes des protestations lancées immédiatement par les Chambres de commerce de Cologne et de Dusseldorf, et insérées au *Moniteur de l'Empire*.

L'Exposé de la Chambre de Dusseldorf est un modèle de dialectique serrée et savante, qui fait le plus grand honneur aux industriels qui ont ainsi pris l'initiative d'un acte louable à tous égards.

L'examen des questions se rattachant à la recevabilité ne serait pas complet sans une appréciation au moins succincte de la partie matérielle du dépôt.

Il y a beaucoup à blâmer et beaucoup à louer à cet égard. Ce qui est déplorable, c'est l'exiguïté des réductions imposées, réductions grâce auxquelles le libellé des marques et souvent leurs signes figuratifs sont impossibles à distinguer (1); mais, ce qui corrige cette grave erreur, c'est la faculté, pour le déposant, de faire annexer par un dossier personnel toutes les pièces qu'il juge utiles à la conservation de sa propriété. Dans ce dossier, ou peut mettre la marque en grandeur naturelle qui a servi à faire le cliché et les observations de toute nature pouvant éclairer le juge sur la constitution de cette pièce : certificat de patente, *fac simile* du greffe français, documents constatant que le déposant a le droit de se

____

(1) Il y a un moyen pratique très-simple d'éviter une réduction excessive; c'est de scier un grand cliché en fragments de 3 cent. et de déposer le tout comme *kollectivmarken*.

servir de la signature qu'il a déclarée, et autres pièces néessaires à toute introduction d'instance en Allemagne, et qui, au début d'un procès en contrefaçon, simplifient singulièrement la procédure. Cet enregistrement, en partie double, satisfait à toutes les exigences. Le public conserve ainsi l'avantage de pouvoir parcourir les registres, et le déposant y gagne la possibilité de consigner en des archives communiquées au tribunal, en cas de litige, toutes les circonstances accessoires qui intéressent le signe distinctif de sa fabrication.

Les exceptions préjudicielles.

L'étranger qui intente en Allemagne un procès en contrefaçon, est généralement arrêté, dès le début, par un certain nombre d'artifices qui peuvent le retenir longtemps, *in limine litis*, s'il n'a pas été mis préalablement en garde. Il n'est donc pas inutile de signaler ici les principaux moyens que favorise la législation.

La première difficulté contre laquelle se heurte le plaideur étranger est une exception tirée de ce qu'il ne justifie pas de sa qualité de commerçant et de la raison sociale, pour laquelle il prétend ester en justice. Entre Allemands, ce moyen dilatoire ne saurait avoir cours, attendu que chaque commerçant est immatriculé au registre du commerce sous un nom (*firma*) qui fait foi en justice; mais les Français, par exemple, qui n'ont pas d'acte de Société enregistré, à exhiber, sont assurés de se voir arrêter par cette redoutable chicane. Ils doivent donc se munir de pièces équivalentes à l'inscription au registre du commerce.

J'ai fait admettre qu'un extrait du rôle des contributions, portant acquittement de la patente, prouve suffisamment que le contribuable est : 1° commerçant, et 2° connu officiellement sous le nom qu'il revendique.

Néanmoins, il arrive souvent que l'Administration des finances n'apporte pas au libellé du nom commercial, l'attention voulue pour que cette énonciation concorde exactement avec la raison sociale du négociant. Avant d'utiliser ce document, il doit s'assurer de la concordance, et faire rectifier au besoin, par l'Administration, les termes du reçu. Ce reçu doit être ensuite légalisé jusqu'à l'ambassade d'Allemagne inclusivement.

Si le négociant jouit d'une suffisante notoriété pour que le maire de son domicile consente à attester qu'il est propriétaire de tel établissement commercial, de telle raison sociale et, signe de la sorte en matière de commerce, les écritures relatives à sa maison, cette déclaration ne peut que corroborer le certificat de patente, et y suppléerait au besoin; mais, dans les grandes villes, aucun maire ou commissaire de police ne voudrait délivrer pareille attestation, dans la crainte légitime d'engager témérairement sa responsabilité.

Les premières exceptions écartées, le défendeur conteste au demandeur la propriété de la marque si tous les deux en ont fait le dépôt avant le 1er octobre 1875; car après le 1er octobre la priorité d'enregistrement dispense de tout autre droit.

On croit généralement qu'il sera suffisant dans un procès en radiation afférent à des dépôts faits pendant la période transitoire d'exhiber un acte de dépôt en France. Cette pièce, bien que très-importante, gagnera beaucoup à être corroborée par certaines autres. Il est donc indispensable de se munir, par avance, de documents nombreux, variés et probants. Après avoir recueilli le sentiment, en cette matière, des nombreux juristes ou hauts administrateurs avec lesquels je me suis trouvé en rapport au cours de ma mission, je considère comme devant forcer la conviction tout ou partie des pièces suivantes :

1o Jugements ou arrêts en France, ou au dehors, obtenus contre des contrefacteurs de la marque en cause.

2o Déclarations des acheteurs étrangers que ladite marque est généralement connue dans le commerce comme la propriété du demandeur.

Factures délivrées, à cette occasion, à des maisons étrangères, si ces factures portent la marque, et si elles ont date certaine, soit par le timbre de la poste, soit par ce qu'elles auraient été versées dans un procès, enregistrées ou visées.

3o Obtention de récompense à une exposition universelle, pour les produits revêtus de ladite marque.

De telles pièces prouvent, en effet, irréfragablement, que la marque possède une véritable notoriété comme étant celle du demandeur.

Néanmoins, ces preuves administrées, tout n'est pas fini. Il est à peu près certain que le contrefacteur soulèvera cette exception que « l'usage général dont la marque a été l'objet a eu pour effet de la faire tomber dans le domaine public d'une certaine catérie de commerçants. »

En France, il paraîtra bien invraisemblable que de pareilles prétentions puissent même se produire, et qu'un contrefacteur ait assez d'impudence pour baser son système de défense sur la perpétration réitérée d'un acte désormais qualifié de délit par le législateur.

Mais en Allemagne, la pratique invétérée de la contrefaçon a tellement faussé le sens public, qu'on en est réduit à compter sérieusement avec les droits que les usurpateurs de marques prétendent tirer de l'art. 10, § 2.

La loi a entendu réserver au domaine public certains signes figuratifs d'une banalité reconnue, et en particulier quelques-uns d'entre eux formellement énumérés à l'art. 2 de l'ordonnance des marques de fabrique, pour les fers et aciers des provinces du Rhin et de Westphalie. Ces signes sont connus sous le nom de *Freizeichen* ; ce sont : la couronne, l'hameçon, l'épée, le pistolet, le coq, le soleil, la lune et les étoiles. On admet aussi généralement qu'on ne saurait empêcher un meunier de prendre pour enseigne une meule, un serrurier une clef, etc., etc. Il en est de même en France, et le bon sens est en pareil cas au-dessus de toutes les législations. La loi allemande n'a pas davantage entendu donner une prime aux contrefacteurs. S'il en était autrement, l'article qui réserve les droits jusqu'au 1er octobre des marques généralement connues dans le commerce comme appartenant à un industriel déterminé n'aurait aucun sens, car il n'est aucune de ces mêmes marques qui, en raison même de sa notoriété, n'ait été l'objet d'une contrefaçon générale en Allemagne.

En dehors des *Freizeichen* dont j'ai parlé, l'Exposé des motifs déclare que le projet du gouvernement a entendu conserver dans le domaine commun, certains mots qui marquent dans la pratique usuelle des rapports de quantité, de grandeur ou de qualité, et on a cité les mots *à l'épreuve*, *warranted*, *patent*, ou des signes d'une banalité évidente. Dans la discussion, le député Reichensperger a cité d'autres exemples du même genre.

Il résulte, en un mot, des explications données, que le Reichstag n'a entendu conserver dans le domaine général que les choses qui y sont naturellement, et n'a pas songé surtout un seul instant à considérer une marque comme acquise au domaine public, parce qu'une lacune législative n'a pu permettre d'atteindre momentanément ceux qui tiraient de son usage un bénéfice blâmable.

Il est facile de voir, lorsqu'on pénètre au fond des choses, que les exceptions dont il vient d'être parlé n'ont rien de redoutable en elles-mêmes ; mais elles pourraient le devenir si le demandeur s'en rapportait aveuglément, pour y faire face, au bon vouloir des avocats allemands, très-inexperts en ces matières qui sont si nouvelles, même pour ceux qui sont le plus instruits.

C'est en vue de prémunir nos exportateurs contre des déceptions inévitables, que j'ai cru devoir m'étendre sur cette question, d'une importance particulière.

La procédure en radiation.

Les juristes allemands se plaisent à faire remarquer que la procédure en radiation est une innovation due exclusivement à leur initiative.

Il est à croire que la pratique de ce mécanisme juridique atténuera considérablement la haute opinion qu'on s'en est faite.

On ne tardera pas, je crois, à s'apercevoir que loin de réaliser une amélioration, on a paralysé par là dans une large mesure ce qu'il y a de meilleur dans la loi : la répression pénale.

C'est ce qu'il me sera facile de démontrer.

La procédure en radiation est la seule voie de droit, dans l'économie de la loi allemande, dans les deux cas principaux que voici :

1° Lorsque la même marque ayant été déposée par deux fabricants différents, l'un prétend en faire interdire l'usage à l'autre.

2° Lorsqu'une partie quelconque se prétendant lésée par le dépôt d'une marque considérée par elle comme appartenant au domaine public, veut faire radier du registre la marque en cause.

Le premier cas est de beaucoup le plus intéressant, car il comporte des conséquences aussi graves qu'inattendues. Voici comment.

En Allemagne comme en bien d'autres pays, il n'existe qu'une répression vraiment efficace, c'est la répression pénale. La raison en est que l'opinion publique n'attribue en ce pays aucun déshonneur à des condamnations pour contrefaçon devant la juridiction civile. Or, comme la réparation à laquelle le perdant peut être contraint est toujours de beaucoup inférieure au gain qu'il a réalisé, aucune raison majeure ne lui apparaît en ce cas de ne pas se livrer à ce genre de manœuvres, considérées trop généralement parmi les négociants allemands comme une opération de commerce plus ou moins intelligente.

Mais la maison la plus sceptique en matière de poursuite au civil, n'envisage qu'avec effroi la perspective de deux ou trois mois de prison.

Or, la procédure en radiation permettra très-souvent au contrefacteur de se soustraire légalement à l'action pénale, tout en réalisant de beaux bénéfices. Il lui suffira, dès qu'il craindra d'être surpris, de déposer comme sienne la marque qu'il contrefait.

A partir de ce moment, il est à l'abri des poursuites correctionnelles.

Il a réalisé ainsi le quadruple avantage d'échapper à la prison, à la *busse*, à la saisie des livres et correspondance, à l'insertion obligatoire du jugement, et enfin de bénéficier des lenteurs inséparables de toute action civile.

Sans doute le juge pourra prononcer une indemnité; mais il ne le pourra que sur l'administration de preuves pertinentes du dommage, qui sont presque toujours impossibles à fournir en dehors des moyens que permet la procédure pénale. Il n'aura donc à restituer qu'une très-minime partie des bénéfices réalisés par lui. Pour continuer cette industrie aussi lucrative que malhonnête, il lui suffira de déposer toute autre marque de produits similaires et de recommencer le même jeu. C'est ce qu'ont très-bien compris les habiles.

Le *Central Handels Register* contient, à cet égard, des enregistrements dont le scandale est tel, que l'autorité a été sollicitée par les journaux d'intervenir administrativement afin d'empêcher l'insertion de ces impudentes usurpations. Naturellement, la requête n'a pas eu de suite, et ne pouvait en avoir aucune, l'exécution des lois ne pouvant être suspendue par la volonté de l'Exécutif.

La procédure en usurpation de nom, dénomination ou raison sociale.

Il existe en Allemagne une réglementation spéciale des noms ou raisons sociales. Tout négociant de sérieuse importance est tenu de se faire inscrire au registre du commerce, sous diverses peines disciplinaires. Le tribunal de commerce est chargé de veiller à l'application de la loi.

Le Code de commerce contient à cet égard, sous les articles 12, 13, 15, 16, 17, 18, 19, 20, 22, 23, 25, 27, une série de dispositions très-minutieuses.

De plus, le Code pénal porte (art. 287) des peines assez sévères contre l'usurpation ou l'imitation frauduleuse du nom.

Enfin la loi du 30 novembre expose, aux articles 11, 13, 14, 15, 16, 17, 18, les règles suivant lesquelles la procédure en radiation et la poursuite pénale devraient être introduites et jugées, en matière de nom commercial.

Peut-être est-ce à l'exubérance de cette législation qu'il faut attribuer les incertitudes qui se sont élevées sur la solution à donner à certains cas très-importants.

Et d'abord : La loi du 30 novembre a-t-elle aboli l'art. 287 du Code pénal ?

On ne trouve, pour s'éclairer sur ce point, que le passage suivant de l'Exposé des motifs :

« Le projet de loi réglemente non-seulement les marques figuratives, mais encore toutes les désignations de marchandises, au moyen du nom et de la signature, ainsi qu'il est établi à l'art. 287 du Code pénal.

« Il est vrai que la limite qui sépare ces deux sortes d'intérêts n'est pas très-précise. Toutefois, il faut remarquer que la protection des signes figuratifs ne bénéficie qu'à une partie des industriels, à ceux que l'on compte au nombre des négociants dans le sens du Code de commerce, tandis que la protection des noms et des raisons de commerce, est accordée en conformité de l'art. 287 du Code pénal, non-seulement à tout industriel, mais encore à tout producteur d'objets destinés au commerce.

. . . .

La réunion des deux matières se justifie d'autant plus que, par suite des dispositions du projet de loi, on pourra atteindre d'une manière beaucoup plus efficace qu'on ne l'a fait jusqu'à présent la contrefaçon et l'emploi abusif des noms et signatures des étrangers. »

Si maintenant on considère les changements apportés par la loi à l'art. 287 du Code pénal, on remarque qu'il ne reste à peu près rien dudit article. La pénalité est modifiée par l'intervention de la *Busse*. Le chiffre de l'amende est changé. L'insertion du jugement est reconnue de droit, et le délit cesse d'être d'ordre public et devient soumis à la formalité de la plainte.

C'est une abrogation de fait. Néanmoins M. le Conseiller d'État Nieberding, à qui j'ai demandé son sentiment, considère l'art. 287 du Code pénal comme étant toujours en vigueur.

En réalité, il n'y a rien de contradictoire dans la coexitence des deux dispositions législatives. L'art. 287 est applicable aux délits commis antérieurement à la promulgation de la loi et non encore prescrits. Mais il est hors de doute que dans un avenir rapproché, on ne serait pas fondé à l'invoquer.

La question vient de se poser tout récemment dans des conditions fort intéressantes, attendu que le débat a porté exclusivement sur les principes :

Une des premières maisons de Saint-Etienne, la maison J. B. David, ayant appris que sa raison sociale était contrefaite dans les provinces du Rhin, déposa une plainte au parquet de Clèves, contre les délinquants.

La contrefaçon fut prouvée sans contestation. Le fait n'était pas niable. Néanmoins la Chambre de police correctionnelle du Landgericht de Clèves renvoya les accusés des fins de la plainte, sous prétexte que les Français seraient sans droit à réclamer en Allemagne contre l'usurpation de leur nom. Appel de l'*Ober Procurator*, dont on ne saurait trop louer le sens juridique et l'esprit d'équité.

Confirmation du jugement en deuxième instance. Recours en cassation du Ministère public.

Comment une erreur d'ordre international si grave avait-elle pu faire ainsi son chemin ? Les considérations suivantes permettent de le pénétrer :

Le traité entre la France et l'Allemagne ne parle que des marques et des dessins de fabrique. Il est hors de doute, néanmoins, que dans l'intention des plénipotentiaires, les noms et raisons sociales doivent être considérés comme des marques quand ils servent à *marquer* des marchandises. Cette interprétation s'impose d'autant plus que la loi allemande, ne protégeant que les marques constituées par une raison de commerce, à l'époque où le traité fut signé, il n'est pas admissible de penser que la France ait entendu assurer à l'Allemagne tous les droits possibles sans recevoir, en échange, quoi que ce soit. C'est cependant la prétention qui s'est fait jour en ces derniers temps. Elle a même trouvé une Cour pour la sanctionner, comme on l'a vu. En dehors du prétoire, on ajoutait que la France, ayant accordé à l'Allemagne la protection pour les dessins de fabrique, lorsque, de l'aveu de tous, l'Allemagne n'accordait rien à cet égard, il n'y a rien de choquant à supposer que le même désintéressement eût guidé les négociateurs français en ce qui concerne les marques.

Les considérants de la Cour de Clèves ne poussent pas le persiflage aussi loin. Ils se bornent à constater que la loi de 1857 ne concerne que les raisons sociales « sous une forme distinctive » c'est-à-dire caractérisées par des signes figuratifs, ce qui est exact, et que ladite loi est la seule qui fasse mention des droits des étrangers.

Il est juste de reconnaître que la loi de 1824, qui régit l'usurpation de nom, n'a point été faite dans l'intérêt des étrangers, et que la Cour de cassation n'en accorde le bénéfice aux ressortissants des nations possédant avec la France des stipulations de réciprocité en matière de marques, que par une interprétation toute de jurisprudence, et attendu que la protection du nom est comprise « virtuellement » dans la protection de la marque.

Les étrangers n'ont point, rigoureusement du moins, à tenir compte de la jurisprudence, la manière de voir de la magistrature pouvant se modifier du jour au lendemain par suite de tel ou tel courant d'opinion, tel ou tel argument de doctrine produit dans le monde judiciaire par une personnalité autorisée.

Aussi, en prévision des difficultés qui pourraient naître, je crus devoir, en 1873, demander à la Commission parlementaire sur le timbre de garantie de vouloir bien admettre dans le projet dont l'urgence était déclarée, un article additionnel quelque peu dépaysé peut-être dans cette loi spéciale, mais dont il importait, suivant moi, d'introduire sans retard le principe dans notre législation. Dans une *note à consulter* remise aux membres de la Commission, j'exposais les motifs de l'amendement de la manière suivante :

« Il se manifeste aujourd'hui chez certains peuples une tendance à remplacer autant que possible les conventions internationales par des lois stipulant la réciprocité pour les nations qui, de leur côté, adopteraient le même régime.

« L'absence d'une mention de cette nature dans la loi de 1824 (relative aux usurpations de noms, etc.) fait que nos tribunaux n'en attribuent le bénéfice aux étrangers qu'avec une certaine hésitation, même en présence de traités internationaux établissant réciprocité en matière de marques.

« En effet, l'art. 6 de la loi de 1857 sur les marques ne vise que ladite loi de 1857.

« Une disposition générale garantissant la réciprocité aux peuples qui la garantissent également, agrandirait *ipso facto* le cercle de la protection pour les produits français à l'étranger. Nous suivrions en cela l'exemple donné notamment par l'Autriche (loi du 15 juin 1866) et par l'empire allemand (art. 287 du Code pénal fédéral).

« D'autres États, opposés par principe à la conclusion de traités internationaux, se proposent d'entrer dans la même voie.

« Cette disposition aurait en outre pour effet, dans une certaine mesure, de provoquer à l'étranger la préparation d'une législation analogue à celle que consacre le présent projet de loi. »

L'article additionnel fut voté sans débat.

Depuis lors, le Chili a inséré une disposition semblable dans sa loi sur les marques, ce qui nous dispense de traiter avec ce pays; mais l'extrême utilité de cette prescription législative a été surtout révélée tout récemment lorsque la Cour de Clèves, qui l'ignorait évidemment, a rendu l'arrêt que je viens de citer, inaugurant ainsi une jurisprudence qui allait livrer toutes les raisons sociales de France à la merci des contrefacteurs allemands.

Aussitôt informé de l'arrêt de Clèves par la maison plaignante, qui venait d'entrer dans l'Union des Fabricants pour réclamer son concours, je m'empressai de me rendre à Berlin et de mettre sous les yeux de M. le Procureur général de la Cour de cassation, le texte de la loi du 26 novembre 1873, ainsi que la jurisprudence de notre Cour de cassation, et j'acquis la certitude que le tribunal suprême serait mis en mesure de délibérer en parfaite connaissance de cause.

Un écueil toutefois était à craindre, et M. le Procureur général ne me le laissa pas ignorer. Quelque probante que soit la législation française, son interprétation est juridiquement une question de fait sur laquelle la Cour suprême n'a pas à se prononcer. Elle peut seulement casser un arrêt pour fausse application de la loi allemande. En réalité, c'est bien l'art. 287 du Code pénal allemand combiné avec l'art. 28 du traité de commerce que les Cours de Justice de Clèves auraient mal interprété; c'est ce que la Cour de cassation a établi dans le remarquable arrêt qui est intervenu le 20 janvier 1876 et dont voici le principal motif, tel qu'il est rapporté par le *Moniteur officiel de l'Empire* du 31 mars dernier :

« Le traité de commerce et de douane conclu le 2 août 1862
« entre le Zollverein et la France, renouvelé par l'art. 11 de la
« convention additionnelle du 12 octobre 1871 et par la déclara-
« tion interprétative du 8 octobre 1873, stipule à l'art. 28 qu'en ce
« qui concerne la protection des marques et des dessins de
« fabrique et l'emballage des marchandises, les entrepreneurs
« de chacun des États contractants jouiront dans le territoire de
« l'autre de la même protection que les nationaux. Cet article ne
« distingue pas entre la qualité et les signes caractéristiques des
« étiquettes, et à ce titre, les vignettes dont il s'agit sont appe-
« lées à invoquer la protection transactionnelle stipulée en
« faveur du nom, de la raison commerciale du producteur étran-
« ger. Or, puisque quant au reste toutes les conditions prévues
« par l'art. 287 du Code pénal existent dans l'espèce, il y a lieu
« d'appliquer cet article en regard de l'art. 28 du traité précité,
« de la même manière que s'il s'agissait de l'emploi indû de la
« raison commerciale d'un producteur national. Il n'importe pas,
« d'après ce qui précède, d'examiner la question de savoir si le
« fait incriminé est punissable en France d'après les lois du
« 28 juillet 1824 et du 23 juin 1857. »

En lisant cette interprétation loyale du traité de commerce, on voit combien il est regrettable que nos exportateurs n'aient pas porté plus tôt cette grave question devant la juridiction suprême.

Quoi qu'il en soit, et en ce qui touche spécialement les noms et raisons de commerce dont il est seulement question dans ce chapitre, il ne reste aujourd'hui aucun doute sur la sincérité de la protection qui leur est assurée.

Reste à examiner l'étendue de cette protection et son effi-cacité, en présence des modifications qu'introduit en Allemagne une centralisation croissante.

Les termes de l'art. 28 du traité de 1862, rendu applicable à tout le territoire de l'Empire par le traité de Francfort et ses annexes, nous assurent le même traitement qu'aux nationaux.

En réalité, il n'en est point ainsi. Cette différence tient à ce que la loi allemande n'admet pas les étrangers non résidents à se faire inscrire au registre du commerce.

On répondra sans doute que diverses déclarations *non officielles*, il est bon de le remarquer, ont fait savoir que les étrangers n'ont pas besoin, pour revendiquer la propriété de leur nom commercial, de le faire enregistrer.

Cela est vrai, en ce sens que, si un contrefacteur quelconque usurpe la raison de commerce d'un étranger, cet étranger aura le droit de le poursuivre sans être astreint à aucune formalité; mais la question change complétement de face si le contrefacteur est un homonyme de l'étranger, et a fait enregistrer régulièrement son nom au greffe du tribunal de commerce de son domicile. Il faut tenir compte, en effet, des conséquences qu'entraîne la priorité de déclaration en matière de raisons sociales comme en matière de marques figuratives. Je prends un exemple dans un arrêt de la Cour de cassation de Berlin :

Un nommé Rudolph Weber, chaufournier, avait fait enregistrer la raison sociale F. Müller, dont il était propriétaire.

Un autre individu, nommé aussi Rudolph Weber, s'établit chaufournier, et fait enregistrer son nom au même greffe.

Le premier Rudolph Weber l'attaque en radiation; mais il est débouté, attendu que la raison sociale Rudolph Weber a été enregistrée d'abord, non par lui, mais par celui qui est venu lui faire concurrence.

Cette jurisprudence est fort grave et n'est point particulière à la Prusse. Diverses cours allemandes ont jugé dans le même sens. Or, s'il est toujours possible à un indigène d'éviter pareil mécompte en se faisant inscrire dans le registre du commerce au moment où il entre dans les affaires, comment un étranger pourra-t-il échapper au danger de voir un homonyme le chasser un jour des lieux d'importation où il aura développé sa clientèle? Il est de principe que l'étranger ne peut avoir plus de droits que l'indigène.

Or, un indigène dans la même situation que cet étranger serait vaincu d'avance, attendu qu'entre deux raisons sociales, dont l'une est enregistrée et dont l'autre ne l'est pas, le juge n'a pas le droit d'hésiter.

D'où on peut tirer cette conséquence que pour s'emparer en

Allemagne d'une raison de commerce française connue depuis cinquante ans dans tout l'univers, il suffit de trouver un prête-nom son homonyme et de le faire enregistrer en Allemagne, après l'avoir mis à la tête d'un commerce similaire.

La solution naturelle de cette situation serait la faculté donnée à l'étranger de faire enregistrer son nom commercial à Leipzig. Si on lui refuse ce droit, on le met en réalité dans une situation inférieure à celle des nationaux.

L'importance de la question est d'autant plus grande que le danger croît chaque jour à deux points de vue différents : d'abord, parce que les contrefacteurs, traqués dans les questions de marques, commencent à rechercher les moyens de trouver des compensations dans l'usurpation légale de noms commerciaux ; et en second lieu, parce que le champ du droit privatif né de la priorité va s'élargir nécessairement par suite de l'unification que la Chancellerie impériale s'efforce d'opérer en matière juridique. Il faut savoir, en effet, que l'enregistrement des raisons de commerce ne se faisait jusqu'ici que dans les journaux officiels de chaque État confédéré. Par suite de l'abandon successif de leurs prérogatives, les petits souverains allemands sont amenés l'un après l'autre à confier au *Central-Handels-Register* la publication des raisons de commerce comme celles des signes figuratifs. Le résultat forcé de cette assimilation administrative est une assimilation judiciaire. La force des choses le veut ainsi. La raison et le bon sens l'exigent.

Il faut donc s'attendre à ce que ce droit de priorité pour tout l'Empire, quant aux raisons de commerce, passera dans la jurisprudence très-rapidement. Cela ne fait aucun doute pour tous ceux qui ont suivi attentivement la discussion au Reichstag. La question de principe a été posée en effet très-nettement par le député Ackermann. Il a demandé catégoriquement au gouvernement impérial de vouloir bien saisir l'occasion qui se présentait d'elle-même pour faire trancher la question, controversée, de savoir si une raison de commerce non enregistrée a droit à la protection de la loi.

M. le Commissaire impérial Nieberding s'est borné à répondre que la nouvelle loi n'entendait rien innover à cet égard.

L'honorable interpellateur s'est déclaré satisfait. Il est hors de doute que, par un accord tacite, on a jugé que la question ne devait pas être approfondie ; mais si l'on veut connaître toute la pensée du Commissaire impérial sur cette question délicate, il faut se reporter à la réponse faite à M. Parisius, qui lui demandait si les Sociétés coopératives, lesquelles figurent dans un registre spécial, ont droit à la protection de la nouvelle loi.

L'honorable conseiller d'État a répondu qu'elles y auraient droit, attendu que le registre des Sociétés fait partie du registre général du commerce.

En réalité, cette réponse s'adresse bien plus à la question du Dr Ackermann qu'à celle du Dr Parisius.

Toujours est-il que, au point où en sont les choses, il y aurait un grand intérêt pour les étrangers à obtenir la faculté de faire enregistrer leurs raisons sociales à Leipzig. J'ajouterai que ce droit résulte implicitement pour nous du traité qui nous garantit la protection assurée aux nationaux. Or, ce qui assure cette protection à leurs raisons sociales, les uns à l'égard des autres, c'est la priorité constatée par l'enregistrement.

Il est vraisemblable que le gouvernement impérial ne repousserait point les suggestions qui lui seraient faites en ce sens. Si donc le Gouvernement français voulait bien prendre l'initiative d'un projet de convention sur ces bases, il s'acquerrait certainement des droits considérables à la reconnaissance de notre commerce d'exportation.

Après avoir posé les principes qui régissent le nom commercial, il importe de fixer les limites juridiques du terme employé par le législateur allemand : *firma*.

On entend par *firma*, dit l'art. 15 du Code de commerce impérial, le nom sous lequel un commerçant est connu dans le commerce, et signe ses écritures. Il en résulte que ce vocable s'applique non-seulement au nom commercial d'un négociant, à la raison sociale d'une maison, mais encore à la dénomination sous laquelle une compagnie ou une société est connue dans le monde des affaires, à la condition essentielle que cette dénomination soit tirée de l'objet de son commerce.

La Cour de cassation de Berlin admet également la dénomination tirée du nom de l'établissement. Mais la loi n'accorde aucune protection à une dénomination impersonnelle composée d'un ou plusieurs mots de fantaisie. Ce genre de dénominations est très-fréquent dans le commerce et peut constituer, en France et dans la plupart des autres pays, une propriété des plus sérieuses, mais il n'en est point ainsi en Allemagne. Cependant, quelques doutes me restant à cet égard, tout au moins pour les dénominations existantes avant la loi, et généralement considérées dans le commerce comme servant à désigner les produits de tel industriel déterminé, j'ai désiré avoir l'appréciation de M. le Conseiller impérial Nieberding, qui m'a répondu par la négative, « par cette raison, dit-il dans sa lettre, que la loi a entendu protéger les signes, mais nullement le nom des marchandises. »

. Il ne me paraît pas que cette interprétation puisse être sérieusement contestée; nos nationaux feront donc sagement de ne compter en aucune manière sur la désignation de leurs produits, si originale soit-elle, pour différencier en Allemagne leur fabrication de celle de leurs imitateurs.

Ils devront aussi dorénavant avoir cette considération présente, lorsqu'ils auront à créer des marques nouvelles, et se dire qu'il n'existe aujourd'hui en ce pays qu'une manière tout à fait sûre de marquer leurs marchandises, c'est l'apposition de signes figuratifs, toujours faciles à imaginer, foncièrement dissemblables de tous autres déjà employés.

***

La procédure en contrefaçon de marques.

Le texte de la loi est loin d'indiquer clairement quelles sont les différentes voies ouvertes au demandeur en matière de contrefaçon. J'ai expliqué plus haut comment cette ambiguïté avait été voulue, dès l'origine, et a persisté dans une certaine mesure, malgré les efforts faits, lors de la discussion, pour en sortir.

A vrai dire, il n'y a de complétement déterminée que la poursuite pénale. Les actions relatives à cette voie de droit sont organisées par les art. 14, 15, 16, 17 et 18.

Comme elle est pour notre commerce la partie la plus importante de la loi, il est nécessaires de préciser nettement en quoi consiste cette procédure.

PLAINTE. — L'action pénale ne peut être suivie que sur la plainte de la partie lésée. Pour que la partie lésée puisse l'intenter, il faut que la marque revendiquée par elle ait été enregistrée avec priorité, et que le certificat d'enregistrement soit joint à la plainte.

Bien que le parquet poursuive indépendamment de toute ingérence de la partie lésée, elle commettrait une grande imprudence en ne se portant pas partie civile, car on peut voir, au chapitre des *Exceptions*, combien il importe à l'intéressé de mettre à temps, sous les yeux des juges, les documents de nature à déjouer les combinaisons du contrefacteur.

L'intervention de la partie civile est nécessaire, surtout suivant la tournure des débats, pour réclamer les dommages-intérêts par état, ou la *busse*, deux formes de la réparation civile fort différentes, et qui nécessitent une explication.

Tout le monde sait combien il est difficile à l'étranger de justifier de l'étendue du dommage causé. Néanmoins, il peut se faire que la saisie des écritures, — lorsque la législation locale le permet, — ouvre la voie à des vérifications importantes. En ce cas il peut être avantageux de réclamer les dommages-intérêts à fixer par état. Mais le plus souvent on ne peut que fournir des preuves morales, parfaitement suffisantes pour porter la conviction dans l'esprit du juge, mais stériles, en fait, dans les conditions ordinaires de la législation.

En vue de cette situation, très-bien définie par l'Exposé des motifs, on a introduit dans la loi une forme de réparation civile appelée *busse*, et dont je n'essayerai pas de rendre le sens par un mot français, car la traduction littérale serait faite pour induire en erreur.

La *busse* est un dédommagement pouvant être porté à 5,000 marcs, sans que le juge soit tenu de motiver son appréciation.

Le droit français n'offre point d'exemple de pareille combinaison. On ne la retrouve d'ailleurs dans la législation allemande qu'en matière de contrefaçon d'écrits.

Il est facile de voir que l'institution de la *busse* procède d'un ordre d'idées que j'ai déjà eu occasion de signaler, et qui tend à laisser au pouvoir discrétionnaire du juge le plus de latitude possible.

Si l'on admet que le juge est impartial et perspicace, le droit d'attribuer une indemnité en dehors de toute preuve juridique est, en matière de contrefaçon, hautement en situation, précisément parce qu'une justification rigoureuse est, en pareil cas, presque impossible à fournir, bien que mille circonstances portent la conviction dans l'esprit du juge.

Il faut remarquer en outre que, dans le cas où le plaignant choisit la *busse* comme mode d'indemnité, il obtient de droit la solidarité contre les délinquants.

Enfin, la voie pénale, assure également de droit, au plaignant, la publication du jugement, aux frais du condamné.

Cette action est donc organisée d'une manière très-complète, et donne les plus sérieuses garanties.

Je ne terminerai pas cette monographie de la voie correctionnelle sans faire remarquer que dans l'exécution il y aura, suivant le lieu, de très-notables différences de procédure. L'Allemagne ne possède point, en effet, de Code d'instruction criminelle fédéral. Cette matière est réglé par les législations locales. Ce point a une très-grande importance au point de vue des saisies, par exemple, des délais de péremption, etc., etc. Les intéressés feront sagement d'attirer l'attention de leur Conseil sur ces particularités, s'ils confient à un avocat de l'un des Etats confédérés une affaire à plaider dans un Etat voisin, ce qui devra arriver fréquemment, tant est restreinte l'étendue de certains territoires.

Il pourra se faire que le Conseil choisi par la partie plaignante, l'engagera, pour des raisons qui pourraient avoir un mobile personnel, à rendre compétente telle ou telle cour de justice par des artifices de procédure, par exemple en faisant opérer la saisie en tel ou tel lieu, ou en se fiant à la connexité.

On ne saurait trop engager nos industriels à se tenir en garde contre ce genre de tentation. Ils courraient le risque d'un débouté.

L'assignation devant le tribunal de commerce du domicile offre seule des garanties indiscutables, car c'est là un principe fort au-dessus des divergences que peuvent présenter les multiples législations qui se heurtent encore en Allemagne en matière pénale.

La prudence exige donc de se tenir à l'écart de toutes les subtilités de droit. La poursuite par voie correctionnelle est sûre, mais elle exige une franchise d'allures dont il ne faut pas se départir.

Il s'en faut de beaucoup que la voie civile soit organisée par la loi avec cet ensemble et cette netteté. On a vu ce qu'il en est de la procédure en radiation. Reste le cas le plus général, la procédure en contrefaçon. On est frappé tout d'abord de voir que les articles relatifs à ce sujet, c'est-à-dire, les art. 8, 9, 10, 11, 12 ne mentionnent point que celui auquel il a été fait défense de se servir d'une marque, sera tenu d'indemniser le lésé.

Cette lacune a frappé M. le professeur de droit Beseler, qui a proposé un amendement devenu l'art. 13. En vain le Commissaire du gouvernement a-t-il répondu qu'en pareil cas l'instance était régie par les principes généraux du droit. L'honorable M. Beseler a répliqué, avec aigreur, que la loi spéciale est précisément instituée en vue de déroger au droit commun. Mais le plus surprenant, c'est que l'article introduit ne dit pas un mot de ce qu'on se proposait de lui faire dire. Il n'est qu'une répétition en d'autres termes d'une prescription déjà édictée, et il est certain qu'en fait il est inutile, comme l'a soutenu le Commissaire impérial.

Les juges auraient donc toute latitude pour refuser des dommages-intérêts. La loi ne les oblige qu'à donner une injonction de ne plus se livrer à la contrefaçon. Cela est d'autant plus facile à soutenir que, quand la loi a voulu consacrer le principe des dommages-intérêts, elle l'a fait très-nettement, ainsi qu'il résulte de l'art. 14, relatif à la poursuite pénale. Du moment où elle se borne à donner seulement le droit de faire défendre l'usage abusif d'une marque, les tribunaux pourront très-valablement ne donner qu'une injonction.

Il est hors de doute, toutefois, que la jurisprudence tiendra compte des intentions qui ont présidé à l'introduction de l'art. 13 ; mais en attendant que les tribunaux de commerce aient prononcé, il est évident que la voie correctionnelle est préférable.

En certains cas, il est vrai, elle n'est pas possible, lorsque par exemple le contrefacteur a été de bonne foi. En droit strict, il n'en est pas moins civilement responsable du dommage qu'il a causé ; mais il y aurait, à mon avis, une bien grande témérité à introduire une action même purement civile dans de pareilles conditions. Pendant longtemps il sera prudent de ne poursuivre en Allemagne que les fraudes évidentes, celles dont la justice ne saurait méconnaître le caractère délictueux sans violer ouvertement les prescriptions les plus formelles de la loi et de l'équité.

La discussion de l'art. 13 a fourni au Commissaire impérial l'occasion de faire remarquer que la Chambre courrait risque de rendre l'imprimeur civilement responsable, — ce qu'elle avait refusé de faire il y a cinq ans, en matière de contrefaçon littéraire — si l'on adoptait l'article sans s'entendre sur le sens qu'il doit avoir. Cette observation n'a pas trouvé de contradicteur, d'où il résulte que l'imprimeur n'encourt aucune responsabilité, lorsqu'il se fait complice du délit de contrefaçon, même sciemment.

Pour résumer cet exposé des voies ouvertes à la répression de la contrefaçon en Allemagne, je conclurai en reproduisant fidèlement les diverses actions que M. le président du tribunal de commerce de Leipzig a bien voulu préciser dans une conférence que j'ai eue avec lui à cet égard.

La partie lésée a le choix entre les voies suivantes :

1° Actionner le contrefacteur en dommages-intérêts devant le tribunal de commerce ;

2° Déposer une plainte, se porter partie civile et conclure à l'obtention d'une *buise*, ou à des dommages-intérêts déterminés ;

3° Porter plainte sans se porter partie civile, et après la condamnation pénale, actionner le coupable en dommages-intérêts devant le tribunal de commerce.

Nature et portée de l'engagement relatif à la juridiction éventuelle du tribunal de commerce de Leipzig.

Cette clause, dérogatoire, à l'excès, au droit commun, a donné lieu par cela même, hors de l'Allemagne, à une méprise qui est loin d'être dissipée. On a cru généralement que le législateur avait eu l'intention de centraliser à Leipzig, autant qu'il était en lui, les instances en contrefaçon.

L'idée étant admise, elle avait sa raison d'être dans ce fait que la Cour supérieure de commerce, pour tout l'Empire, siége à Leipzig.

Cette interprétation est absolument contraire à la réalité des faits. La clause en question n'a trait qu'aux étrangers. Quant aux indigènes, ils ne peuvent être traduits valablement que devant le tribunal de leur domicile. C'est en dernière instance seulement que la cause arrive à Leipzig.

Dans le projet du Gouvernement, les actions régies par cette prescription n'avaient trait qu'aux instances en radiation ; mais, en troisième lecture, le Dr Baehr, député de Cassel, proposa un amendement tendant à faire entrer dans le régime d'exception ainsi instauré, toutes les actions résultant de la loi du 30 novembre. Cette motion a été adoptée, de telle sorte qu'un étranger peut aujourd'hui être traduit, à toute heure, devant le tribunal de commerce de Leipzig, sous prétexte de contrefaçon, pour toutes actions ressortissant de la compétence de ce tribunal.

Chose étrange! l'exposé des motifs est absolument muet au sujet de l'énorme dérogation au droit commun que consacre la loi. Il semble que cette servitude sans réciprocité imposée aux étrangers soit toute naturelle. Il est vraisemblable que, lors du renouvellement des conventions qui nous lient à l'Allemagne, on jugera nécessaire de rétablir l'équilibre par une disposition bilatérale.

Conclusion.

En résumé, l'impression générale qui résulte de l'étude attentive de la nouvelle loi d'Empire sur les marques, est que, malgré ses imperfections, elle constitue un très-grand progrès sur l'ancien état des choses; qu'elle contient même certaines dispositions qui, améliorées, pourraient être utilement introduites dans notre législation, notamment la radiation volontaire, par autorité de justice, et d'office, ainsi que la compensation désignée sous le nom de *busse*.

Ce qui frappe également l'observateur, c'est la supériorité d'organisation des actions pénales. A tous les points de vue, la procédure correctionnelle est, par conséquent, celle qu'il convient de conseiller aux fabricants français, à la condition toutefois qu'ils n'attaqueront jamais les contrefacteurs sans avoir centralisé préalablement tous les moyens de lutte autorisés par la législation, soit locale, soit d'Empire, car l'une et l'autre sont applicables pour partie dans la plupart des cas.

On trouvera peut-être, — il faut s'y attendre, — quelque inexpérience dans les tribunaux inférieurs; mais on peut être assuré de rencontrer une appréciation éclairée et impartiale de la cause près des cours supérieures de justice. Il me sera permis d'ajouter que mon expérience personnelle m'autorise à parler ainsi avec quelque compétence. Les circonstances m'ont donné occasion, en effet, de constater, dans les sphères élevées de l'administration et de la magistrature, un sincère désir de protéger la propriété industrielle des étrangers avec une scrupuleuse équité. A ces hauteurs, les calculs mesquins, les complaisances de coterie ne sont plus considérés que comme des pratiques coupables, non-seulement au point de vue de la justice et de la loi, mais encore, et surtout peut-être, au point de vue de l'honneur de la nation.

Les industriels français n'ont donc plus qu'à vouloir, mais à vouloir énergiquement, car un effort qui ne serait pas soutenu risquerait d'être stérile. Il faut qu'en attaquant les contrefacteurs de leurs marques, ils soient fermement décidés à porter le litige jusqu'en dernier ressort, s'il est nécessaire.

Le jour où ces résolutions viriles seront prises irrévocablement par un nombre respectable d'intéressés, la suppression de la contrefaçon sera proche. Les délinquants s'appellent aujourd'hui légion; mais on ne peut s'étonner que d'une chose, c'est qu'ils ne soient pas plus nombreux encore, tant le métier a été jusqu'à ce jour lucratif et sûr.

D'Allemagne, la contrefaçon a pu, sans crainte d'être inquiétée en aucune manière, rayonner sur l'univers entier. Mais le jour où il sera prouvé que ce genre de fraude conduit en prison tout comme le premier vol venu, les grandes maisons quitteront bien vite une industrie à ce point périlleuse, et chercheront dans un travail à peu près honnête un pis-aller compatible avec la loi.

On pourra juger alors quelle somme de revenu était enlevée aux fabricants français, car la moisson sera récoltée par eux, non-seulement en Allemagne, ce qui est peu de chose, mais sur tous les marchés du monde, envahis aujourd'hui par des produits de toute sorte, frauduleusement revêtus, au point de départ, des premières marques de France.

L'industrie française s'enrichira donc dans de très-grandes proportions, et cela sans que l'Allemagne y perde notablement. Ces deux propositions qui semblent, au premier abord, contradictoires, s'expliquent par cette particularité que le contrefacteur obligé, pour faire accepter ses produits défectueux, de consentir des remises disproportionnées aux intermédiaires ses complices, n'encaisse pas, en réalité, tout ce que le véritable fabricant serait en position de toucher s'il avait effectué la vente.

D'autre part, la concurrence des contrefacteurs de nos marques empêche toute marque allemande de prospérer honnêtement. La presse des grands districts manufacturiers de Saxe et de Westphalie ne s'y est pas trompée; elle a signalé la contrefaçon des marques françaises comme un obstacle insurmontable au développement de l'industrie du nouvel Empire.

Les fabricants français ont donc pour eux, en ce moment, le

sentiment public en Allemagne, ainsi que le vif désir des grands pouvoirs administratifs et judiciaires de voir disparaître une honte dans le présent et l'un des dangers de l'avenir. En aucun temps et en aucun pays les circonstances n'ont été à ce point favorables. Il faut espérer que nos exportateurs sauront en tirer le meilleur parti, dans l'intérêt de la fortune et du renom mérité de l'industrie nationale.

Veuillez agréer, Monsieur le Ministre, l'assurance de ma haute et respectueuse considération.

Comte DE MAILLARD DE MARAFY,

Licencié en droit, Conseil de l'Union des Fabricants, *pour les questions de droit international.*

Paris, 15 avril 1876.

Paris. — Imp. Félix Malteste et Ce, rue des Deux-Portes-Saint-Sauveur, 22.

315

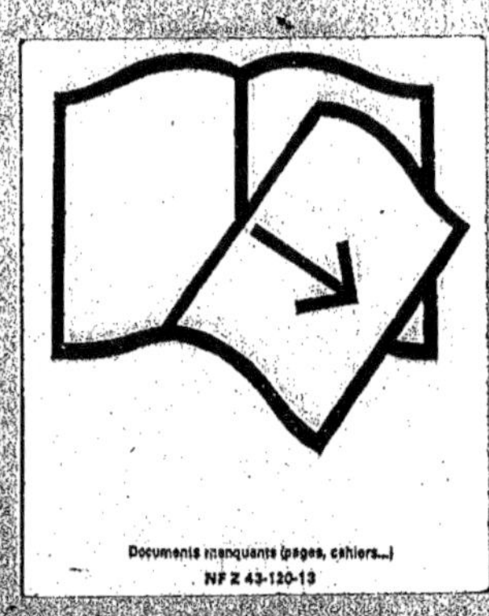

Documents manquants (pages, cahiers...)
NF Z 43-120-13